Online Geld verdienen als Affiliate

Wie Sie mit den Produkten anderer seriös Geld im Internet verdienen.
Das Handbuch für Affiliate-Einsteiger.

Von Yannick Twickler

Disclaimer:

Alle Inhalte dieses Buches wurden sorgfältig und bestens Gewissens recherchiert und zusammengetragen. Sie spiegeln die persönliche Meinung und Erfahrung des Autors wieder. Der Autor erhebt keinen Anspruch auf juristische Korrektheit und kann nicht für inhaltliche Vollständigkeit garantieren. Dieses Buch enthält eventuell Links zu externen Webseiten Dritter, auf deren Inhalte der Autor keinen Einfluss hat. Für die Inhalte der verlinkten Seiten ist stets der jeweilige Anbieter oder Betreiber der Seiten verantwortlich.

Online Geld verdienen als Affiliate – Wie Sie mit den Produkten anderer seriös Geld im Internet verdienen. Das Handbuch für Affiliate-Einsteiger.

Von Yannick Twickler

1.Auflage 2016

Herausgegeben von Yannick Twickler

Im Gillesbachtal 20, 52066 Aachen

kontakt@yannicktwickler.de

Printed in Germany by Amazon Distribution GmbH, Leipzig

ISBN-13: 978-1539930341

ISBN-10: 1539930343

Inhaltsverzeichnis

Einleitung

Viele Menschen verdienen ihr Geld heute im Internet – das ist kein Geheimnis mehr und spricht sich immer weiter rum. Derweil kursieren da draußen auch immer wieder die wildesten Geschäftsmodelle mit den abenteuerlichsten Verdienstversprechen. Und irgendwie sind das genau die Angebote, auf die man als Anfänger auf der Suche nach Informationen immer wieder als erstes stößt. ***„450 Euro am Tag** ohne eigene Website“* oder ***„4370€ in 7 Tagen** mit dem Verkauf von Ebooks“* sind nur zwei exemplarische **Beispiele solcher Versprechen.** Als interessierter, aber unbedarfter Internet-User lassen sich die Dollarzeichen in den Augen bei solchen Versprechen meist nur noch schwer verbergen. Angesichts der Summen, mit denen hier um sich geworfen wird, in Verbindung mit vermeintlich so wenig Arbeit, ist die Motivation groß und es könnte sofort losgehen. Man kauft sich Produkt X und Anleitung Y, gibt hunderte Euro für sogenannte „Systeme“ aus, durch die man mit wenigen Klicks und nur 15 Minuten Arbeit am Tag den ganz großen Reibach einfahren soll. Das alles, um anschließend eines ums andere Mal festzustellen, dass das mit dem vielen Geld im Internet verdienen doch gar nicht so einfach ist und bisher noch kein einziger Euro auf dem eigenen Konto gelandet ist. Die große Ernüchterung!

So ziemlich genauso sah das auch bei mir aus, als ich das erste Mal meine Nase in die mysteriöse Welt von „Online Geld verdienen“ gesteckt habe. Die unzähligen Angebote, die sich gegenseitig immer wieder überboten haben, hatten meine Aufmerksamkeit und schafften es, mich meine Brieftasche eines ums andere Mal zu zücken. Ich las und las, schaute mir Videos an und folgte den Anleitungen zum schnellen Geld verdienen und probierte aus, was mir da erzählt wurde. Das Resultat waren leider nur viele hundert Euro weniger auf meinem Konto, ein Haufen vertrödelter Zeit und ein extremes Motivationstief. **Unbedingt wollte ich Geld im Internet verdienen, ich wollte das einfach schaffen.** So viele Menschen, die genau das tagtäglich machen und damit richtig gutes Geld verdienen, und das alles von Zuhause aus, nur mit Ihrem Laptop und einem Internetanschluss. *„Es kann doch nicht sein, dass ich hier der einzige Dumme bin, der das nicht hinbekommt"*, dachte ich mir. Aber es gab einen Grund dafür. All diese Menschen, die ich sah, taten wirklich das, was auch ich so gerne machen würde, doch erreichten Sie das nicht mühelos und sicher nicht mit den seltsamen Geschäftsmodellen, mit denen ich meine Zeit und mein Geld bisher verschwendet habe. Vielmehr ist es ein richtiges Business, das sich diese Menschen aufgebaut haben, ein von Grund auf seriöses Geschäft, bei dem vor dem Erfolg auch Arbeit steht. Diese Menschen haben sich ein Ziel gesetzt, jeden Tag ein kleines Stück daran gearbeitet und wahrscheinlich auch die ein oder andere unbezahlte Überstunde geschoben. Das Ergebnis aber ist ein eigenes Online Business mit Substanz, ohne die Sorge, dass irgendein System irgendwann einfach in sich zusammenbricht, und ein passives Einkommen, welches die Durchschnittseinkommen der meisten normalen Jobs in einem Angestelltenverhältnis bei weitem überschreitet. Irgendwann habe auch ich eingesehen, dass ich einen anderen Weg einschlagen muss. Ich habe mich mental noch einmal komplett resettet und begonnen mich einem seriösen Geschäft im Internet zu widmen und mir mit ehrlicher Arbeit Webseiten aufzubauen, mit denen ich, ohne dass ich jemals ein eigenes Produkt habe produzieren lassen müssen, bis heute ein mittleres vierstelliges Einkommen erziele. Dieses Einkommen ist zum größten Teil passiv, das bedeutet, dass ich auch dann Geld verdiene, wenn ich heute nicht mehr aktiv daran arbeite.

Ich würde mir wünschen, dass Sie die gleiche Phase nicht in voller Länge durchmachen müssen und so wie ich viel Geld in den Sand setzen, nur um zu verstehen, dass es einfach keinen anderen Weg gibt, wenn man wirklich Online Geld verdienen will, als sich von den ganzen bekloppten Verdienstversprechen und Geldsystemen fernzuhalten, und seine Zeit für den Aufbau eines lukrativen und nachhaltigen Geschäfts, einzusetzen. Ich kann Ihnen versichern: Geld verdienen im Internet ist so real wie das Haus in dem Sie wohnen. Und wir reden hier nicht von den großen Internetkonzernen, die Milliarden umsetzen. Wenn wir vom Geld verdienen im Internet sprechen, dann geht es um **ganz normale Menschen**, wie Sie und mich. **Menschen, welche sich ein lukratives und seriöses Geschäftsmodell ausgesucht haben**, und sich die vielen technischen Möglichkeiten der digitalen Welt zu Nutze machen, um damit ihr eigenes Business mit sehr hohen Einkommenschancen aufzubauen – Und all das, wenn sie wollen, nur mit einem Laptop und Internetanschluss, vom heimischen Sofa aus.

Um im Internet ernsthaft gutes Geld zu verdienen, und das dauerhaft, gibt es im Grunde nur zwei Wege. Der erste und wahrscheinlich auch einleuchtende Weg ist: Sie **verkaufen ein eigenes Produkt** oder eine Dienstleistung. Damit treten Sie ganz klassisch als „Merchant", zu Deutsch Verkäufer/Anbieter, auf. Die andere Möglichkeit online Geld zu verdienen ist es, die **Produkte anderer Unternehmen zu verkaufen** und sich dafür bezahlen zu lassen. Der Begriff „verkaufen" trifft es hier vielleicht nicht 100%ig, denn vielmehr geht um das Bewerben von Produkten oder Dienstleitungen. Der eigentliche Verkauf wird auch hier immer noch direkt vom Verkäufer (dem Partnerunternehmen) abgewickelt. Für die erfolgreiche Bewerbung eines Produktes via Affiliate Marketing, erhalten Sie als Werbepartner dann bares Geld.

Hobby zum Beruf

Vielleicht sind Sie im Internet sogar schon aktiv und haben eine eigene Website, welche Sie regelmäßig und mit viel Mühe mit Inhalt füllen und pflegen – All das kostet Zeit und manchmal auch noch Geld dazu. Selbst wenn all das ein liebes Hobby ist, es Ihnen einfach Spaß macht Texte zu schreiben und Inhalte zu gestalten, so bleibt es ein Hobby, das Ihre Freizeit in Anspruch nimmt, neben der Sie trotzdem immer noch in Ihrem Job das Geld verdienen müssen. Zeit ist in unserer Gesellschaft nun einmal Geld, das kennen wir alle. Ist Ihnen da nicht schon mindestens einmal der Gedanke in den Sinn gekommen, wie es wäre, wenn Sie mit dem, was Sie sowieso gerne machen – sei es eine Website, die Sie schon betreiben oder ein richtig handfestes Hobby, welches Sie ausüben - irgendwie in der Lage wären auch noch Geld zu verdienen? Wie könnten Sie es schaffen, Ihr Hobby zum Beruf zu machen, ein eigenes Business zu betreiben, von dem Sie und Ihre Familie leben können? Abseits aller unseriösen Geschäftemacherei, **macht Affiliate Marketing GENAU DAS möglich!**

Ab einem bestimmten Punkt ist es eigentlich das Ziel eines jeden Webseitenbetreibers, die eigenen Inhalte und die eigene Reichweite auch irgendwie zu Geld zu machen. Wer keine eigenen Produkte erstellen und verkaufen möchte, oder dazu nicht in der Lage ist, dem bleibt dazu nur noch Möglichkeit zwei, nämlich die Produkte anderer Unternehmen im Internet zu verkaufen. Das Ziel eines Affiliates ist es, die Reichweite seiner Websites auf genau diese Weise zu monetarisieren. Das geschieht, indem er thematisch passende Werbung auf seiner Website einbindet und seine Besucher aktiv auf die Angebote des Partnerunternehmens aufmerksam macht. Mit jeder erfolgreichen Vermittlung, die durch seine Empfehlung zustande kommt, verdient der Affiliate eine Provision. Eine ausführlichere Erklärung dieses spannenden Geschäftsmodells erwartet Sie im nächsten Kapitel „Was ist Affiliate Marketing?".

Der Traum von der Selbstständigkeit

Wenn Sie nun schon das eine oder anderen Mal mit dem Gedanken gespielt haben, ein eigenes Geschäft zu gründen, sich selbstständig zu machen, dann wissen Sie sicher um die Hürden, die damit verbunden sind. Denken wir nur daran, wie viel es kostet, in der Offline-Welt ein eigenes Business mit Ladengeschäft zu eröffnen und zu betreiben. Miete für die Verkaufsräumlichkeiten, für Lagerräume und ggf. noch Mitarbeiter verschlingen tausende, zehntausende von Euros, noch bevor der erste Cent eingenommen wurde. Mit einem internetbasierten Geschäft wie Affiliate Marketing, fallen diese Kosten einfach weg. Als Affiliate können Sie im Internet Geld verdienen, **sogar ohne vorab einen einzigen Euro dafür in die Hand nehmen zu müssen.** Selbst wer den „teureren" und professionelleren Einstieg wählt, wird sich nicht mit mehr Kosten als rund 4 Euro im Monat konfrontiert sehen. Diesen Kosten gegenüber steht ein Einnahmepotenzial, welches enorm und nach oben hin offen ist und alleine durch eigene Arbeitsleistung und eine clevere Umsetzung erreicht werden kann. Sind die ersten Einnahmen eingefahren und Sie merken, dass das Ganze funktioniert, so haben Sie zusätzlich noch die Möglichkeit, das Wachstum Ihres Geschäfts durch den Einsatz von Geld zu beschleunigen. Mit dem Einsatz freier Mitarbeiter und professioneller Tools, sowie der Schaltung von extrem targetierten bezahlten Anzeigen, lassen sich immer mehr Bereiche Ihres Business auslagern und mittelfristig automatisieren. Ihre effektive Arbeitszeit wird stetig abnehmen, während die Einnahmen aus Ihrem Business weiter wachsen. Das funktioniert in dieser Art nur mit Hilfe des Internets und der damit einhergehenden technischen Möglichkeiten und Affiliate Marketing ist der beste

Einstieg in diese Welt, den Sie bekommen können.

Der Start in ein eigenes Online Business könnte kaum unkomplizierter sein und ich hoffe auch Ihr Interesse ist geweckt zu erfahren, wie Sie möglichst schnell auf seriöse Art und Weise Geld im Internet verdienen können. In diesem Buch werde ich Ihnen ausführlich erklären, **wie Affiliate Marketing funktioniert,** welche **zahlreichen Vorteile** die Arbeit als Affiliate mit sich bringt, aber natürlich auch den einen oder anderen Nachteil (wenn man das so nennen will), über den man sich bewusst sein sollte. Sie lernen die **wichtigsten Vergütungsmodelle** im Affiliate Marketing kennen und erfahren, wie Sie Partnerprogramme finden. Zusätzlich dazu stelle ich Ihnen die besten Plattformen im Internet vor, auf denen Sie direkten Zugriff auf tausende Partnerprogramme bekommen und gebe Anhand von 14 Kontrollfragen eine detaillierte Anleitung, wie Sie in dieser Masse das richtige Partnerprogramm für sich identifizieren. Um auch der Theorie Genüge zu tun, folgt dann ein Exkurs in die technische Abwicklung von Vermittlungen und Verkäufen. So werden Sie in Zukunft genau verstehen, was im Hintergrund abläuft, auf was Sie bei der praktischen Umsetzung achten müssen und welche Vor- oder auch Nachteile das mit sich bringen könnte. Im Anschluss daran, setzen wir den praktischen Teil fort und Sie lernen, welche Produkte sich im Internet besonders gut verkaufen und welche Website-Typen sich für die Vermarktung von Affiliate Angeboten eignen. Last but not Least, behandelt das letzte Kapitel drei Möglichkeiten, wie Sie auch schon ohne eigene Website Ihr erstes Geld mit Affiliate Marketing verdienen können.

Ich freue ich, dass Sie sich für dieses Buch entschieden haben und wünsche Ihnen viel Freunde beim Lesen, und vor allem noch viel mehr Erfolg bei der Umsetzung des Gelernten!

Was ist Affiliate Marketing?

Affiliate Marketing ist ein **Vertriebsmodell im Internet**, bei dem ein kommerzieller Anbieter seine Vertriebspartner für Ihre Werbeleistung in Form einer Vermittlungsprovision vergütet. Der Produktanbieter stellt hierbei Werbemittel zur Verfügung, die der Affiliate als Partner auf seinen Webseiten oder anderen Werbekanälen einsetzen kann. Ziel eines Unternehmers, der auf Affiliate Marketing setzt, ist es, neue Kontakte zu potenziellen Kunden und damit Verkäufe zu generieren. Dafür greift er auf die Unterstützung von Werbepartnern zurück. Durch diese Art von Kooperationen, kann sich ein Unternehmen ein großes Vertriebsnetzwerk im Internet aufbauen und die Reichweite seiner Angebote erhöhen, ohne finanziell in Vorleistung zu gehen, wie das bei klassischen Vermarktungswegen der Fall wäre. Solche Unternehmen werden im Affiliate Marketing als Merchant oder Advertiser bezeichnet.

Auf der anderen Seite steht nun der Webseitenbetreiber, als Werbepartner eines Unternehmens, das Affiliate Marketing betreibt. Die Aufgabe eines Affiliates ist es, die **Produkte eines oder mehrerer anderer Unternehmen zielgruppengerecht zu bewerben.** Die Werbeleistung eines Affiliates findet in der Regel so statt, dass er die Produkte seines Partners dem Besucher seiner eigenen Website vorstellt, empfiehlt und vergleicht. Dazu setzt er sich mit verschiedenen Themen auseinander und gibt zusätzlich entscheidende Impulse für die Kaufentscheidung des Konsumenten. Ein Affiliate ist im Grunde einfach eine Art Vermittler, welcher die Schnittstelle zwischen Kunden/Interessenten und dem Verkäufer einer Ware oder Dienstleistung darstellt. Ein guter Affiliate macht aus seiner Seite aber ganz bestimmt keine stumpfe Bannerfarm, sondern schreibt Blogbeiträge, Reviews über bestimmte Produkte, erstellt

Vergleichstabellen und liefert Gründe, warum ein Interessent ausgerechnet dieses Produkt kaufen sollte. Häufig spielt auch die Optimierung der eigenen Inhalte nach SEO-Richtlinien eine wichtige Rolle, um dauerhaft kostenlosen und zielgerichteten Traffic für die eigene Seite zu erhalten. Das Bewerben von Angeboten anderer Unternehmen macht ein Affiliate natürlich nicht aus reiner Nächstenliebe, sondern um mit einer Empfehlung Geld zu verdienen. Webseitenbetreiber werden in der Regel klassisch als Affiliate oder auch Publisher bezeichnet – die Tätigkeitsbeschreibung ist hier folglich einfach „Affiliate Marketing".

Um überhaupt Einnahmen erzielen zu können, muss für den Affiliate natürlich sichergestellt werden, dass das Partnerunternehmen zuverlässig nachvollziehen kann, welcher Verkauf von welchem Partner akquiriert wurde. Diesen Vorgang nennt man Tracking. Hier kommt in den meisten Fällen eine dritte Partei ins Spiel: Die Affiliate-Netzwerke. Ein Affiliate-Netzwerk unterhält Geschäftsbeziehungen zu beiden Parteien, dem Unternehmen und dem Werbepartner/Affiliate. Sie treten dabei als eine Art Partnerbörse auf, die potenzielle Werbepartner und Werbende Unternehmen miteinander verbindet, und liefern die technischen Rahmenbedingungen zur Abwicklung sämtlicher Transaktionen. Im Rahmen des Trackings, erhält jeder Affiliate vom Affiliate-Netzwerk partnerprogrammspezifisch einen ganz persönlichen Empfehlungslink, auf dessen Grundlage jede Interaktion, jeder vermittelte Interessent oder zahlende Kunde eindeutig seiner Quelle zugewiesen werden kann - nämlich dem entsprechenden Werbepartner. Bewirbt ein Affiliate also ein Produkt über seinen persönlichen Empfehlungslink (oder auch Affiliate-Link), so erhält er vom Verkäufer des Produktes (dem Betreiber des Partnerprogrammes) eine Vergütung/Provision dafür. Die gängigste

Form der Vergütung ist sicherlich die Bezahlung pro erfolgreich vermitteltem Verkauf durch den Affiliate – das überrascht wahrscheinlich nicht. Jedoch ist das nicht das einzige Modell, nach dem ein Affiliate bezahlt werden kann. Eine Handvoll gängiger aber unterschiedlicher Modelle zur Vergütung von Affiliates stehen zur Verfügung. Wie diese Provisionsmodelle im Detail aussehen und funktionieren, werde ich Ihnen im weiteren Verlauf dieses Buches erklären.

Affiliate Marketing als Geschäftsmodell stellt offensichtlich eine **Win-Win-Situation für alle beteiligten Parteien** dar. Webseitenbetreiber/Publisher können Ihre Inhalte im Web auf schnellem und unkompliziertem Wege monetarisieren, sprich zu Geld machen, ohne dafür ein eigenes Produkt entwickeln und produzieren zu müssen. Stattdessen konzentrieren sich Affiliates einfach weiter auf das, was sie als Blogger, Betreiber von Themenseiten, Foren und Ähnlichem am besten können – nämlich themenrelevante und nützliche Inhalte erstellen, die dem Besucher genau das bieten, was die Verkaufsseite des Merchants nicht zu bieten hat. Affiliates suchen sich ein passendes Partnerprogramm aus, bewerben dies an die Leser ihrer Inhalte und verdienen bei Klick, Verkauf oder Vermittlung eines Interessenten (je nach Provisionsmodell) bares Geld. Ohne, dass sie mit dem komplizierten Teil des Geschäfts, wie Herstellung, Verkauf und Abwicklung des Produktes, irgendetwas zu tun haben. Das Vertriebsmodell des Affiliate Marketing ist nicht nur für Content-Produzenten/Webseitenbetreiber eine lukrative Sache, sondern in erster Linie auch für die Unternehmen, dessen Produkte sie bewerben. Erstens macht ein solches Unternehmen, durch seine Affiliates Umsatz, den es sonst einfach nicht gemacht hätte, weil man einfach niemals jeden Kunden dieser Welt selbst erreichen und überzeugen kann. Und zweitens baut sich das Unternehmen auf diese Weise ein kostenloses Vertriebsnetz auf, in dem es nur dann zahlen muss, wenn schon ein konkreter Umsatz in Euro oder ein Gewinn in Form eines verifizierten Interessenten verbucht werden konnte. Im Zuge eines solchen Affiliate-Geschäfts, bei dem eine Provision für den Affiliate anfällt, sind auch unsere lieben Affiliate-Netzwerke zufrieden und glücklich, da auch sie an jedem Geschäftsvorgang dieser Art prozentual beteiligt werden. Diese prozentuale Beteiligung wird ebenfalls vom Merchant, vom Verkäufer gezahlt und keinesfalls von Ihrem Verdienst als Affiliate abgezogen. Trotz der Provision an Affiliate und Affiliate-Netzwerk, hat auch der Verkäufer des Produktes immer noch einen Gewinn eingefahren, den er ohne die Vermittlung durch einen Webepartner wahrscheinlich nicht gemacht hätte. – Eine Win-Win-Win-Situation also.

Nicht zuletzt hat auch der Kunde/Interessent absolut keinerlei Nachteile, wenn er über den Empfehlungs-Link eines Affiliates auf ein Angebot stößt und dieses wahrnimmt. Sämtliche Konditionen blieben unverändert. Der Preis bleibt der Gleiche und auch sonst merkt der Kunde eigentlich nichts von der Vermittlung durch einen Affiliate. Das Geschäft ist ein reguläres Geschäft, wie jedes andere auch, einzig und allein zwischen dem Verkäufer der Ware/des Produkts und dem Kunden selbst.

BEISPIEL:

Wenn das bisher etwas zu theoretisch war und Sie sich nicht wirklich vorstellen können, wie Affiliate Marketing in der Praxis aussehen könnte, dann möchte ich versuchen das Geschäftsmodell des Affiliate Marketings an einem Beispiel etwas deutlicher zu machen.

Sicher habe Sie es beim Fernsehen auch schon bemerkt, dass

immer mehr Hotel-, Flug oder Versicherungs-Vergleichsseiten wie die Pilze aus dem Boden zu schießen scheinen. Ganz offensichtlich sind diese Webseiten ja selbst keine Versicherungsgesellschaften, Reiseveranstalter oder Fluggesellschaften. Trotzdem bewerben sie sämtliche Angebote in diesem Bereich. Was sind diese Seiten also dann und womit verdienen sie Geld?

Seiten dieser Art sind im Grunde genommen auch nur „einfache" Affiliate-Seiten. Sicher werden einige aufgrund Ihrer Reichweite und des Umsatzpotenzials mittlerweile gesonderte Konditionen von Partnerunternehmen erhalten, aber Geld verdienen die meisten dieser Vergleichsseiten über das selbe Geschäftsmodell, über das auch Sie in Zukunft Geld im Internet verdienen können. Sie verkaufen die Angebote, Dienstleistungen und Produkte nicht selber, sondern vermitteln diese als Affiliates an die entsprechenden Zielgruppen. Dadurch haben solche Websites keine Kosten für die Organisation von Flugreisen zu tragen und müssen sich nicht mit der Pflege der Hotelzimmer oder eventuellen Stornierungsprozessen herumschlagen. Sie nutzen das perfekte Geschäftsmodell.

Mit jedem an das Partnerunternehmen vermittelten Kunden oder einem Klick auf das entsprechende Werbemittel, fließt eine Provision in die Tasche des Seitenbetreibers. In vielen Fällen ist es nicht einmal nötig einen zahlenden Kunden zu liefern, sondern es reicht aus, dass ein Interessent sich für eine kostenlose Anfrage beim Unternehmen einträgt, damit der Affiliate eine satte Provision erhält. Portale dieser Art, haben es sich einfach zur Aufgabe gemacht, einen Mehrwert für den User zu schaffen, indem sie die verschiedenen Angebote der zahlreichen Anbieter am Markt vergleichen, sortieren und dem Nutzer das für seine Situation am besten passende Produkt empfehlen. Da der normale Verbraucher alleine wahrscheinlich nie in der Lage wäre, einen detaillierten

Überblick über die Vielzahl an Angeboten da draußen zu erhalten, ist dieses Geschäft ein Gewinn für jeden. Nimmt also ein User über die „Affiliate-Vergleichsseite“ ein Angebot an, klingelt beim Betreiber dieser Seite in genau diesem Moment die Kasse und das, in den meisten Fällen, nicht zu knapp. Besonders für Seiten, die sich mit der Vermittlung von Produkten aus dem Finanzsektor, Versicherungen, Kredite, Stromtarife beschäftigen, sind die gezahlten Provisionen sehr stattlich. Die Tatsache, dass solche Vergleichsseiten immer mehr Werbung im TV schalten, lässt die Annahme zu, dass die Umsätze sich hier mittlerweile deutlich im Millionenbereich bewegen.

Nun ist das geschäftliche Treiben in diesen Größenordnungen sicher nicht für Anfänger oder Einsteiger ins Affiliate Marketing geeignet, da hier ausschließlich Profis, mit meist riesigen Teams und nicht weniger großen Werbebudgets, das Feld bespielen. Die beschriebenen Portale sind zwar in dem Sinne Partner von noch größeren Firmen oder Konzernen, dennoch dadurch längst selbst zu großen Unternehmen, mit vielen Mitarbeitern und Millionenumsätzen geworden. Mit Marktteilnehmern dieser Größenordnung können wir als Einzelpersonen natürlich nicht konkurrieren, das sollte keine Überraschung sein. Und weil das nicht überrascht, sollte es Sie erst recht nicht entmutigen, selbst in diesem Business Geld zu verdienen. Ganz im Gegenteil. Die Tatsache, dass es Unternehmen gibt, die alleine mit der Vermittlung von Produkten anderer Firmen Millionenumsätze machen, zeigt einmal mehr, wie unglaublich viel Geld in diesem Markt umgesetzt wird und dass genug da ist, damit auch Sie und ich uns unser Stück vom Kuchen abschneiden können.

Gott sei Dank gibt es nicht nur 3 oder 4 Mega-Märkte, die über ähnlich wenige Keywords angesteuert werden können. Als Ein-Mann-Unternehmen, auch als Anfänger, können auch Sie sich in einer passenden Nische mit einer „Content-Affiliate-Seite“ oder einem eigenen Blog positionieren und Geld verdienen. EINE solche Seite kann Ihnen locker 500€, 600€ oder mehr im Monat einbringen, und das ohne, dass Sie weiterhin aktive Arbeit dort hineinstecken. Was Sie dann tun müssen ist, diesen Prozess einfach zu wiederholen und immer neue Affiliate-Seiten oder Themenblogs in den verschiedensten Märkten/Nischen online zu stellen. Mit diesem Prinzip bauen Sie sich Stück für Stück immer eine weitere Einkommensquelle im Internet auf, denn jede Ihrer Seiten wird auch dann weiter Geld verdienen, wenn Sie sich schon längst um den Aufbau der Nächsten kümmern. Ihr Einkommen ist nicht mehr länger an Ihre aktive Arbeitszeit gekoppelt. Ein fleißiger Affiliate hat 10, 20 oder noch viel mehr solcher Einkommensquellen, die ihm Monat für Monat gutes Geld aufs Konto bringen.

Warum Affiliate Marketing der beste Job der Welt ist

Vorteile des Berufs Affiliate

Unternehmerische Freiheit

Der erste große Vorteil der Arbeit als Affiliate ist die Freiheit zu arbeiten, woran man möchte und mit wem man möchte. Wer mit Affiliate Marketing sein Geld verdient ist **selbstständig und damit sein eigener Chef.** Wenn Sie nun als Affiliate tätig werden wollen, können Sie sich den Markt, die Nische in der Sie Produkte vermitteln völlig frei aussuchen. Während im klassischen „Vertreter-Geschäft" die Auswahl wohl eher gering ist, müssen Sie sich im Affiliate Marketing nicht auf den Vertrieb von Staubsaugern, Zeitungs-Abos oder Versicherungen beschränken – wenngleich Letzteres durchaus lukrativ ist. **Zu nahezu jedem Thema lassen sich Produkte bewerben** und damit auch mit Themen Geld verdienen, die einem persönlich Spaß machen und an denen das Interesse nicht vergeht. Auch bei der Wahl der Partner ist man völlig frei, und greift einfach zu dem Angebot, welches einem selbst als Affiliate die besten Konditionen bietet. *(Worauf Sie bei dieser Wahl genau achten sollten, erkläre ich im Kapitel „Das richtige Partnerprogramm").* Hat man sich für das Partnerprogramm eines Unternehmens entschieden, so bestimmt man auch an diesem Punkt immer noch selbst, welche Produkte genau man bewerben möchte. Sie müssen als Partner hier nicht ein ganzes Unternehmen bewerben, von dem Ihnen vielleicht die Hälfte der Leistungen selbst nicht zusagt, oder diese vielleicht gar nicht zu Ihnen und Ihrer Nische passen. Sie haben die Möglichkeit sich einzelne, spezielle Produkte herauszupicken und via Deep-Link zu bewerben.

Kein Lager

Um Produkte verkaufen zu können, **benötigt ein Affiliate kein Lager.** Trotzdem kann er sämtliche Produkte unterschiedlichster Art bewerben und Geld an deren Verkauf verdienen. Die beworbenen Produkte werden auf der Seite des eigentlichen Verkäufers (des Partnerunternehmens) gekauft und von diesem an den „Endkunden“ verschickt. Davon bekommen Sie als Affiliate im Grunde gar nichts mehr mit, denn mit dem eigentlichen Kunden, der Kauf- und Versandabwicklung haben Sie nichts mehr zu tun. Die Aufgabe des Affiliates ist es einfach **Vermittlungsarbeit zu leisten**, neue Kunden zu bringen und dafür Provisionen zu kassieren - nicht mehr und nicht weniger. Die großen unternehmerischen Verpflichtungen, die mit dem Aufbau einer Firma, der Herstellung und dem Vertrieb eines Produktes einhergehen trägt das Partnerunternehmen.

Vielfältiges Marketing

Als Affiliate haben Sie **vielfältige und moderne Möglichkeiten** für Ihr Affiliate-Angebot zu werben. Sie müssen nicht durch die Straßen laufen und weder buchstäblich noch im übertragenen Sinne Klinken putzen, um ein Produkt an den Mann zu bringen. Die Vermarktungswege eines Affiliates sind vielfältig und im Rahmen der Entwicklung der Internetwelt tun sich tagtäglich neue Möglichkeiten auf, um Produkte anderer clever zu bewerben und daran satte Provisionen zu verdienen. Ob durch den Einsatz von **rotierenden Werbebannern, über Textlinks aus Testberichten** oder über einen eigenen **Newsletter** – Generell gilt auch hier: Je kreativer ein Affiliate in Verbindung mit einem Mehrwert wirbt, desto mehr Erfolg wird er haben. Für Menschen, die sich gerne in neue Sachverhalte eindenken, eigene Schlüsse ziehen, um dann einen eventuell unkonventionellen eigenen Weg einzuschlagen, ist Affiliate

Marketing ein tolles Geschäft. Denn im Gegensatz zu vielen klassischen Offline-Maklergeschäften, ist Affiliate Marketing in meinen Augen unglaublich abwechslungsreich.

Ortsunabhängigkeit

Wer träumt nicht davon losgelöst vom „9-5 Arbeitstrott“, Einstempeln und Feierabend seine Arbeit zu machen? Zu bestimmen **wann, wie wo und was** gearbeitet wird. Übertroffen wird dieses Bild in den Köpfen der meisten dann nur noch von der Vorstellung am Strand unter blauem Himmel im Liegestuhl zu liegen, den Laptop auf dem Schoss, den Lieblingscocktail in der linken Hand zu haben und dabei auch noch Geld zu verdienen. Zweifelsohne sind auch das die Bilder, mit denen windige Geschäftemacher im Internet versuchen Menschen mit eben diesem Traum viel Geld abzuknöpfen. Dennoch muss gesagt sein, dass Affiliate Marketing eine, wenn nicht sogar die beste Möglichkeit darstellt, solche Bilder Wirklichkeit werden zu lassen.

Als Affiliate können Sie tatsächlich arbeiten wo Sie wollen. Alles was Sie dazu benötigen ist **ein Laptop und ein Internetzugang** und Internet bekommt man heutzutage selbst an den entlegensten Orten der Welt. Ein Affiliate ist ortsunabhängig, kann reisen wann er will und solange er will, weil er an jedem Ort der Welt an seinem Geschäft arbeiten kann. Als Affiliate stecken Sie sich Ihr Laptop einfach in die Tasche und nehmen Ihr Business mit auf Reisen.

Die Möglichkeit sein Geld jederzeit, von jedem Ort der Welt aus zu verdienen, ermöglicht das sogenannte **„Geo-Arbitrage“,** nach dem viele digitale Nomaden heute ihr Leben planen. Hinter dem Prinzip des „Geo-Arbitrage“ steckt einfach erklärt die Möglichkeit, sein Geld in einer stärkeren Währung zu verdienen, als die in der man es ausgibt. Als Affiliate können Sie also in einem günstigen Land mit geringen Lebenshaltungskosten leben und arbeiten, während Sie Ihr Geld in einem reichen Land wie Deutschland, in Euro verdienen. Das kann den eigenen Lebensstandard enorm heben, da man im Alltag einfach mehr für sein Geld bekommt. Viele Affiliate Marketer haben genau das zu Ihrem Lebensstil gemacht und können sich dadurch ein Leben an Orten und mit einem Luxus leisten, das mit den selben Einnahmen im Heimatland nicht möglich wäre.

Wenn Sie also sowieso gerne reisen und Ihre Lebensqualität in gewissen Dingen verbessern möchten, beruflich jedoch einfach gebunden sind, dann sollten Sie überlegen, sich ernsthaft ein eigenes Affiliate Business aufzubauen.

Kein Startkapital

Viele Menschen träumen davon, endlich ihr eigenes Ding zu machen, nicht jeden Tag dem selben alten, verhassten Job hinterherzujagen und sich endlich selbstständig zu machen. Sie sprühen nur so vor Geschäftsideen und Plänen, mit denen der Absprung klappen könnte, doch in vielen Fällen scheitern diese Träume am Geld. Die Eröffnung eines Ladengeschäftes, beispielsweise für Babykleidung, kostet in der Regel eine mittlere bis hohe 5-stellige Summe. Der **Einkauf von Ware, monatliche Miete** in Höhe von mehreren tausend Euro, **Einrichtung der Verkaufsräume, Strom, Wasser etc.** sind enorme Posten, die sowohl einmalig, als auch fortlaufend **ein kleines Vermögen** verschlingen. Das Risiko ist zu groß, das Geld einfach nicht da.

Im Affiliate Marketing gibt es solche finanziellen Hindernisse nicht. Wer will kann sofort anfangen, und **komplett ohne einen einzigen Cent** Startkapital Produkte bewerben und Geld verdienen. Wer sich den Start ein wenig einfacher oder komfortabler machen möchte, für den wird es hier ganz ohne Geld auch nicht gehen, doch die Kosten für Webspace und eine Domain belaufen sich auf vergleichsweise **lächerliche 3-4 Euro** im Monat. Tatsächlich wäre es auch hier möglich, komplett kostenlose zu starten, da es mittlerweile mehrere Hoster gibt, bei denen Sie als Neukunde für Ihr Hosting-Paket die ersten 3-6 Monate nichts zahlen müssen. Ich glaube, dass Sie selbst in diesem Stadium Ihrer Affiliate-Karriere davon ausgehen können, diese Kosten bis dahin längst zig mal und wieder eingespielt zu haben, oder?

Wirklich kaum ein anderes Geschäft lässt sich so günstig starten, wie Affiliate Marketing. Webspace und Domain erhalten Sie für weniger als eine Handvoll Euro und in den ersten Monaten oft sogar umsonst. Content Management Systeme oder Websitebaukästen zum Erstellen einer eigenen Website stehen reihenweise kostenlos zur Verfügung, inklusive Installationsanleitungen. Der Aufbau und die Erstellung der Inhalte Ihrer Seite obliegt anschließend Ihrer eigenen Arbeitskraft und selbst die Teilnahme an den zig tausenden Partnerprogrammen ist wieder kostenlos und unverbindlich. Die **finanzielle Einstiegshürde ist also denkbar gering** und hat auch mich damals motiviert, mit Affiliate Marketing anzufangen.

Hohe Einkommenschancen

Als Affiliate gibt es **so gut wie keine Einkommensbegrenzung**, wie man das aus den meisten Positionen im Angestelltenverhältnis kennt oder von einem lokalen Geschäft, bei dem die potenzielle Kundschaft einfach schon durch die Einwohnerzahl der Stadt oder des Ortes beschränkt ist. Eine Besonderheit ist es schon, dass Sie im Affiliate Marketing gänzlich ohne Kosten starten können. Hinzu kommt nun noch, dass Ihr potenzielles Einkommen nicht begrenzt ist. Wie viel Geld ein Affiliate verdient, hängt nur von der persönlichen Leistung des Einzelnen ab. Natürlich sind die Provisionen, die gezahlt werden sehr unterschiedlich und es macht einen Unterschied, wie viele Webseiten, Blogartikel oder YouTube-Videos jemand veröffentlicht, aber genau darum geht es ja. Je fleißiger Sie sind, je mehr gute Ideen Sie erarbeiten und diese auch umsetzen, desto mehr Umsatz und Gewinn werden Sie als Affiliate auch einfahren. Von wenigen Euro bis zu **hohen 6-stelligen Beträgen im Monat** ist tatsächlich alles drin. **Wer gute Arbeit macht, der verdient auch gut** – ganz im Gegenteil zu vielen anderen Jobs, vor allem im Angestelltenverhältnis. Ich finde all das macht Affiliate Marketing zu einem sehr fairen Geschäftsmodell. Jeder der beteiligten Parteien hat, um seiner selbst Erfolg Willen, die Verpflichtung gute Arbeit abzuliefern und Einsatz zu zeigen. Tut man das, wird man dafür auch belohnt.

Als Affiliate steht es Ihnen völlig frei die verschiedensten Märkte zu bedienen, sogar unterschiedliche Unternischen in einem einzigen Markt. Die Quellen, um neues Einkommen aufzubauen sind nahezu unendlich und bieten jedem eine passende Ecke, um sich auszuprobieren. Anschließend könnte man das Geschäft über die eigenen Landesgrenzen hinaus ausdehnen und die gleichen Nischen in einer anderen Sprache besetzen – das alles, ohne im jeweiligen Land selbst fußfassen zu müssen oder ähnliches, einfach von zuhause aus, mit dem einem Laptop. Jede einzelne Website kann Millionen Menschen ansprechen und hat damit einen weit größeren Wirkungsgrat, als ein stationäres Geschäft, bei gleichzeitig ungleich geringeren Kosten. Wenn Sie also lernen die Hebel des Internets, in Verbindung mit Affiliate Marketing, richtig zu nutzen, dann stehen wirklich hohe Summen auf der Karte, die zu erreichen keinesfalls mehr utopisch ist. Nichts destotrotz möchte ich an dieser

Stelle noch einmal darauf hinweisen, dass Ihnen in dieser Hinsicht so ziemlich alle Wege offenstehen. Doch auch Geld verdienen im Internet, speziell als Affiliate, muss mit Arbeit und dem festen Willen verbunden sein, sein Ziel zu erreichen.

Verkaufen für Introvertierte

Im Verkauf lässt sich nach wie vor eine Menge Geld verdienen und auf dem Arbeitsmarkt stehen die unterschiedlichsten Verkäufer-Jobs zur Verfügung. Doch abseits der Tatsache, dass „Verkauf" an sich in den Köpfen vieler Menschen ein eher negativ besetzter Begriff ist, ist das klassische Verkaufen an sich einfach nicht jedermanns Sache – das betrifft ganz besonders zurückhaltende, schüchterne Menschen. Wenn Sie also konventionelle Verkaufsgespräche absolut nicht mögen, es Ihnen schwerfällt, Ihrem Gegenüber von Angesicht zu Angesicht schmackhaft zu machen, was Sie anzubieten haben, dann ist Affiliate Marketing Ihre Chance, doch noch eine „Verkäufer-Karriere" zu starten, eben nur im Internet.

Im Affiliate Marketing haben Sie die Möglichkeit, komplett auf Inbound-Marketing zu setzen und im Grunde **an vorgewärmte Kontakte zu verkaufen.** Im Internet reagieren die Kunden auf Sie und Ihr Angebot. Ihr Kunde fragt Ihre Vermittlungsarbeit also selbst an und wird anschließend ohne Umwege zum eigentlichen Verkäufer weitergeleitet *(keine Angst, damit ist nicht gemeint, dass Sie Kundenanfragen händisch abarbeiten müssen, sondern die Tatsache, dass Sie sich finden LASSEN, anstatt den Leuten Ihre Angebote proaktiv unter die Nase halten zu müssen.).* Affiliate Marketing ist daher **die perfekte Möglichkeit für Schüchterne, zurückhaltende Menschen,** trotzdem im Verkauf tätig zu werden und Ihre rhetorischen und marketing-technischen Fähigkeiten dazu einzusetzen, unterschiedlichste Produkte richtig gut zu vermarkten.

Der „unangenehme“ Teil des Geschäfts, wie der direkte Kontakt mit den Interessenten/Käufern und negative Gefühle bei Ablehnung eines Angebotes, fällt einfach weg. Als Affiliate machen Sie einfach überzeugendes Marketing, mit den vielen Möglichkeiten, die das Internet bietet und quälen sich nicht durch unangenehme Verhandlungen.

Wenig Vorkenntnisse nötig

Um im Affiliate Marketing anzufangen, sind kaum Vorkenntnisse nötig. Als Affiliate müssen Sie keine jahrelange Ausbildung absolvieren - die Ausbildung findet praktisch während der täglichen Arbeit statt, Learning by Doing. Schlechte Schulnoten stellen genauso wenig ein Hindernis dar, wie überhaupt kein Schulabschluss. Bei der Arbeit als Affiliate zählen vielmehr **„Softskills“**, wie **Kreativität, Interesse** an einem Thema, der persönliche **Arbeitseinsatz** und ein gutes **Gefühl für Kunden** und den entsprechenden Markt. Solche Kategorien werden im Bewerber-Auswahlverfahren in der „regulären“ Arbeitswelt viel zu selten beachtet, obwohl diese eigentlich viel wichtiger sind, als nackte Zahlen auf irgendeinem Zeugnis. Bis das aber in der Breite des Arbeitsmarkts angekommen ist, werden wahrscheinlich noch viele Jahre vergehen. Affiliate Marketing ist daher im Grunde eine Chance für jedermann, der ein paar wenige Voraussetzungen erfüllt und einen Weg sucht, beruflich etwas auf die Beine zu stellen. Dazu später noch mehr.

Der eigene Chef

Als Affiliate bestimmten Sie Ihre Arbeitszeiten selbst, Sie arbeiten wann Sie wollen und woran Sie wollen. Sie sind selbständig und damit Ihr eigener Chef. Das Ergebnis der Arbeit als Affiliate, in Form von Einkommen, wird ganz einfach durch den Arbeitseinsatz in Form von Zeit, eventuell investiertes Geld und das persönliche Können bestimmt. Das bedeutet aber nicht, dass das Einkommen aus Affiliate Marketing fest an Ihre Arbeitszeit gekoppelt ist, denn das ist es nicht. Ein Affiliate kann ohne Probleme zwei Wochen lang wirklich reinklotzen und 100 Stunden arbeiten, um sich anschließend zurückzuziehen und zuzuschauen, wie seine Seite über Monate und Jahre hinweg Geld verdient. Das Einrichten von Werbeanzeigen die rotieren, also automatisch ausgetauscht werden und ein paar inhaltliche Veränderungen, sind in wenigen Stunden pro Monat erledigt. So etwas nennt man dann passives Einkommen. Ein Traum vieler Menschen, der bislang scheinbar nur Musikern, Bestseller-Autoren und Produzenten vorbehalten war. Mit den Möglichkeiten des Internets und Affiliate Marketing hat sich das geändert.

Unverbindlich

Eine gewisse Unverbindlichkeit ist vielen Menschen wichtig, wenn Sie sich auf ein neues Geschäft einlassen. Einfach mal so ein Ladenlokal für Babybekleidung zu eröffnen und zu führen ist nicht möglich. Neben dem finanziellen Aufwand, muss hier unglaublich viel gemanagt werden, was keinen Aufschub duldet und als Ein-Mann-Unternehmen müssten Sie wahrscheinlich jeden Tag von morgens bis abends im Laden stehen. Ein solches Business vielleicht sogar nebenberuflich zu starten, kann man offensichtlich komplett vergessen. Das hält verständlicherweise viele Menschen davon ab, Ihren Traum von der Selbständigkeit wahrzumachen - denn mit „einfach mal etwas ausprobieren" ist hier nicht viel. Hier heißt es ganz oder gar nicht.

Ihr eigenes Internetbusiness mit Affiliate Marketing zu starten ist **risikolos und unverbindlich.** Die Tätigkeit als Affiliate lässt sich einfach und ohne zu viel Aufwand ausüben. Das einzige, was Sie einem Risiko aussetzen ist Ihre Zeit, wenn man das so bezeichnen möchte. Wenn Sie das Bedürfnis haben etwas Eigenes zu starten, dann können Sie Ihren jetzigen Job im Angestelltenverhältnis ganz normal weiter ausüben und einfach in Ihrer Freizeit, **nach Feierabend,** am Wochenende **am Ausbau Ihrer Affiliate-Karriere arbeiten.** Sie beziehen also weiterhin ein Einkommen, welches Ihren Lebensunterhalt sichert und können so ganz in Ruhe alles lernen und ausprobieren, was nötig ist, um erfolgreich im Affiliate Marketing Geld zu verdienen.

So lassen sich beispielsweise **unterschiedliche Werbemethoden** und **verschiedene Partnerprogramme** ohne Druck gegeneinander **testen**. Bei der Bewerbung von Partnerprogrammen sind Sie nicht gebunden, also frei von Verpflichtungen und können jederzeit wieder damit aufhören. **Vertragslaufzeiten oder ähnliches gibt es hier NICHT.** Für mich war diese Art von Freiheit bei einer Selbstständigkeit immer sehr wichtig und mit ein Grund, warum ich vor Jahren überhaupt damit angefangen habe, mich mit Internet Marketing, Online Business und letztendlich auch Affiliate Marketing zu beschäftigen. Und bis zum heutigen Tage bin ich begeistert von diesem Geschäft.

Sicherheit durch Flexibilität

Als Affiliate sind Sie flexibel und in der Lage **schneller auf sich verändernde Märkte zu reagieren** und neue Situationen zu adaptieren, als das für die allermeisten Einzelhändler in der Offline-Welt möglich wäre. Selbst Online-Händlern, welche an Ihr eigenes Sortiment gebunden sind, sind Sie hier einen großen Schritt voraus.

Sollte es Gesetzesänderungen geben, so sind die nötigen

Anpassungen meist mit **wenigen Klicks und sehr geringem Zeiteinsatz** in die eigenen Webseiten, das eigene Geschäft implementiert. Sollte die Insolvenz einer Firma eintreten, mit der Sie zusammengearbeitet haben oder es sogar einer ganzen Branche schlecht gehen, so können Sie als Affiliate einfach das **Partnerunternehmen wechseln** und im Notfall sogar neue Websites in einem anderen Themenbereich aufbauen. Solange es also irgendetwas gibt, was im Rahmen der sozialen Marktwirtschaft verkauft und gekauft wird, ist Affiliate Marketing ein krisensicherer Job.

Seriöses Geschäftsmodell

Affiliate Marketing ist eindeutig ein seriöses Geschäftsmodell, welches in den meisten Fällen einfach eine **Win-Win-Situation** zwischen Händlern und Webseitenbetreibern herstellt. Durch die Vermittlung über einen Affiliate, hat der Kunde bei dieser Geschäftsbeziehung absolut keinerlei Nachteil (keine Zusatzkosten – die Affiliate-Provision geht komplett zu Lasten des Gewinns des Händlers) und wird nicht genötigt irgendein Angebot wahrzunehmen, sondern profitiert viel eher noch von den Inhalten, die vom Affiliate zur Verfügung gestellt werden.

Nachteile des Berufs Affiliate

Damit dieses Kapitel nicht zu sehr in Lobhudelei über die Möglichkeiten im Affiliate Marketing ausartet, möchte ich nun einige „Negativ-Faktoren" ansprechen. Inwiefern diese dann wirklich ein echtes Negativ-Kriterium für Sie darstellen, weiß ich nicht, aber für einige ist es sicher wichtig, sich im Vorhinein darüber bewusst zu sein. Also los geht’s.

Der eigene Chef

Als Affiliate ist man selbstständig und damit, wie bereits erwähnt, auch sein eigener Chef. Der eigene Chef zu sein, hat sicher viele Vorteile, welche ich zum Teil im vorigen Abschnitt beschrieben habe, aber es ist eben auch mit gewissen Pflichten und Risiken verbunden. Wer sein Geld selbstständig verdienen möchte, in diesem Fall unerheblich ob mit Affiliate Marketing oder etwas ganz Anderem, der ist in erster Linie verpflichtet, **hart zu arbeiten** und zwar **einzig und allein sich selbst gegenüber.** Das erfordert die Fähigkeit zur Selbstmotivation, denn es gibt keinen Chef, der einem über die Schulter schaut und eventuell auf die Finger klopft, wenn man wieder etwas trödelt.

Auch ein garantiertes oder sagen wir besser festes Einkommen, wie in einem Angestelltenverhältnis gibt es nun nicht mehr. Auf der einen Seite ist genau das ein Segen, weil Sie jetzt für das bezahlt werden, was Sie leisten und mit guter Arbeit Ihr Einkommen leicht steigern können. Auf der anderen Seite fehlt ohne festes Einkommen einfach die **gewohnte Planungssicherheit, wie viel am Ende des Monats tatsächlich auf dem Konto eingehen wird.** Weiß Gott ist das ein „Problem“, mit dem jeder Selbstständige und Unternehmer konfrontiert ist, denn das ist nun mal das Wesen der Selbstständigkeit. Auch Einkommensteuer, Umsatzsteuerzahlungen, Sozialabgaben, das passiert alles nicht mehr vollautomatisch, sondern liegt in der Verantwortung des Selbstständigen. Solange man in der Lage ist, eigenverantwortlich zu arbeiten, wird das alles aber kein Hindernis darstellen. Wichtig ist nur sich dieser Tatsache bewusst zu sein, um seinen Alltag entsprechend darauf einstellen zu können.

Wer zurzeit noch in einem Angestelltenverhältnis arbeitet, gerne den Schritt in Richtung Selbstständigkeit gehen würde, aber auf ein gewisses Einkommen nicht einfach so verzichten kann, der sollte über eine **nebenberufliche Gründung** nachdenken. Zeitlich gesehen ist die Arbeit im Internet, im speziellen Affiliate Marketing, perfekt dafür geeignet, diese mit einem normalen Vollzeitjob in Einklang zu bringen. Auf diese Weise behalten Sie die Sicherheit eines geregelten Einkommens und bauen sich gleichzeitig Stück für Stück ein eigenes Geschäft auf, welches bei Zeiten dann Ihren bisherigen Job, inklusive Einkommen ersetzt.

Bürokratische Hindernisse

Bei der Tätigkeit als Affiliate bleibt es leider auch nicht aus, sich mit einigen bürokratischen Regeln, mit Buchhaltung, Steuern und der allgemeinen Gesetzgebung regelmäßig auseinanderzusetzen. Das bringt die Arbeit als Selbstständiger eben mit sich. Jedoch ist speziell die Berufsbeschreibung „Affiliate" oder „Affiliate Marketing" bei den Behörden und vielleicht auch bei vielen Steuerberatern nicht sehr bekannt und man wird auf die eine oder andere kleinere bürokratische Hürde stoßen.

Eine dieser Hürden mag zum Beispiel die **Tätigkeitsbeschreibung sein,** welche man bei der Anmeldung seins Gewerbes angeben muss. Bei der Tätigkeitsbeschreibung „Affiliate Marketing" wird der Beamte wahrscheinlich erst einmal die Augenbrauen hochziehen und fragen was das bedeutet soll. In diesem Fall erklären Sie ihm einfach, dass Sie verschiedene Internetprojekte aufbauen und diese über Werbung monetarisieren werden. In der Regel wird dann schnell eine „passende" Beschreibung wie **„PC und Internetdienstleistungen"** für Ihre Tätigkeit gefunden. Ja man kann über dieses Beamtendeutsch schon ein bisschen schmunzeln, denn dieser Begriff ist so weit gefasst ist, dass Sie damit fast alles machen könnten, was im Entferntesten mit einem Computer und dem Internet zu tun hat. Aber gut, wenn das eben so sein muss, dann machen wir das so. Eine solche Tätigkeitsbeschreibung wird sicher nicht zu Ihrem Schaden sein, denn mit der Beschreibung „PC und Internetdienstleitungen" oder Ähnlichem, sind Sie bei Ihren zukünftigen geschäftlichen Tätigkeiten nicht nur aufs Affiliate Marketing beschränkt, sondern könnten auch Aufträge zur Erstellung von Websites annehmen, als Texter für andere Webseiten arbeiten, direkte Werbung auf Ihren Seiten abrechnen, Sie könnten sogar fernab des Internets Computer reparieren. Diese **relativ unspezifische Tätigkeitsbeschreibung ist also gar nicht so schlecht,** da Sie bei Erweiterung Ihres Geschäftsfeldes in einem bestimmten Rahmen nicht extra zum Gewerbeamt rennen müssen, um die Erweiterung Ihrer Tätigkeit zu beantragen.

Die bürokratischen Hürden, wie die die ich gerade beschrieb, sind tatsächlich nur kleine Hürden und keine echten Hindernisse. Absolut nichts, was sich nicht relativ schnell lösen ließe.

Abhängigkeit

Abhängigkeit ist ein möglicher Faktor, über den man sich beim Affiliate Marketing bewusst sein sollte, um Ihn erst einmal mit einzuplanen und mit der Zeit abzuschwächen.

Der Erfolg einer Website hängt nicht selten von der **Platzierung in den organischen Suchergebnissen bei Google** ab. Klar gibt es noch andere Suchmaschinen, aber der Marktanteil von Google liegt bei über 95% und damit dreht sich tatsächlich meistens alles nur um Google. Suchmaschinenoptimierung ist also enorm wichtig. Leider ist es mit „einmal für Google optimieren" nicht getan. Denn wie einige Beispiele in der Vergangenheit zeigen, kann ein einziges Update des Algorithmus von Google für viele Unternehmen mit ihren Seiten zu enormen Ranking-Verlusten führen oder zu Abstrafungen, die eine Seite gleich komplett aus dem Index werfen. Ist dann Google die einzige Traffic-Quelle, kann das relativ schnell zu einer existenzbedrohenden Situation werden.

Um selbst mit dem eigenen Business nicht zu abhängig zu werden, ist es jedem angeraten, so früh wie möglich damit anfangen, auf **alternative Wege zur Besuchergenerierung** zurückzugreifen. Damit Sie sich der Gefahr einer zu großen Abhängigkeit von Ihren Ranking bei Google nicht aussetzen, sollten Sie weitere Plattformen wie Facebook, YouTube und andere Soziale Medien zur Verbreitung Ihrer Inhalte aktiv nutzen. Auch der Einsatz von bezahltem Traffic über Google AdWords oder Facebook Ads, sowie der Aufbau einer eigenen E-Mail-Liste sind effektive Wege, um das eigene Internet Business auf stabile Füße zu stellen und das Risiko zu verringern. Genau wie im Börsenhandel, ist Diversifizierung der Schlüssel zu einem gesunden Geschäft.

Der Faktor Zeit

Der Aufbau von Webseiten und größeren Projekten braucht Zeit. Damit ist nicht unbedingt die Zeit gemeint, die es für die reine Erstellung eines solchen Projektes benötigt, sondern die **Zeit**, die es braucht, bis dieses Projekt auch **nennenswerte Einnahmen erwirtschaftet.** Das geht bekanntlich nicht von alleine, denn sonst wären wohl Webdesigner die Top-Verdiener im Internet, weil sie jeden Tag eine neue Website aufbauen könnten. Zu einem erfolgreichen Affiliate-Projekt gehören vor allem zielgruppengerechte Inhalte, deren Pflege und der Aufbau von Traffic über verschiedene Quellen. Fakt ist nun mal: Auch, wenn man alles richtig macht, **ein**

wenig Geduld muss man selbst dann **mitbringen**. Diese Geduld zahlt sich jedoch in den allermeisten Fällen aus. Im schlimmsten Fall könnte es passieren, dass sich nach einigen Monaten immer noch nichts, oder nur wenig getan hat und Sie einfach keine Ahnung haben, wo der Fehler liegen könnte. In so einem Fall, sollten Sie das Ganze auf keinen Fall persönlich nehmen und als Affiliate auch bereit sein, von einer Idee Abstand zu nehmen und etwas Neues, etwas Anderes zu starten.

Technikfallen

Auch in technischer Hinsicht gibt es einige Dinge, über die man sich als Unternehmer im Affiliate Marketing bewusst sein sollte. **Adblocker und Cookie-Löscher** können das Geschäft eines Affiliates, aber natürlich auch das jedes anderen Werbetreibenden im Internet, behindern. Viele User sind im Internet von penetranter Werbung einfach genervt, was man als Privatperson sicher nachvollziehen kann und installieren sich in Folge dessen dann Adblocker und ähnliches als Browsererweiterungen. Mit ein wenig Know-How, könnte man viele Werbeblocker zwar umgehen, muss sich dabei aber unbedingt im rechtlichen Rahmen bewegen – also besser keine Tricksereien. Als seriöser Affiliate haben Sie allerdings auch so genügend Möglichkeiten, trotz Adblockern und Co., Ihre Werbung zu platzieren – die Existenz solcher Programme ist also bitte nicht überzubewerten.

Schwarze Schafe

Leider sind unseriöse Verdienst-Versprechen, wie *„5.000€ in einer Woche“,* mit einer einzigen Website und dem Verkauf von Ebooks oder *„450€ am Tag“,* in Verbindung mit Casinospielchen oft das erste worauf die Leute stoßen, wenn sie sich mit „Affiliate Marketing“ und

„Geld verdienen im Internet" beschäftigen. Diese Dinge funktionieren natürlich nie so, wie Sie den Leuten dort verkauft werden, denn „Geld verdienen im Internet" ist eine seriöse Tätigkeit, die mit Fleiß und entsprechenden Skills verbunden ist. Nichts destotrotz wirkt so etwas natürlich abschreckend und eine **ganze Branche wird schnell als Humbug und betrügerisch abgestempelt.** Schwarze Schafe gibt es in jedem Geschäftsbereich und so natürlich auch hier. Partnerprogramme, die eine Provision stornieren oder nicht buchen, obwohl der Kunde gezahlt hat, könnte man von diesem Planeten leider nicht so einfach verbannen. Ein solches Geschäftsgebaren würde aber im Internet ganz schnell die Runde machen und jede Firma würde sich tief ins eigene Fleisch schneiden, seine Partner so zu behandeln. Aus diesem Grund kommt so etwas auch selten vor und ich selbst habe sowas in vielen Jahren noch nie erlebt. Ein seriöser Unternehmer hat schließlich ein elementares Interesse daran, dass möglichst viele Leute, über einen möglichst langen Zeitraum, für seine Produkte werben. Vor allem bei Unternehmen, die auch in der Offline-Welt bekannt sind und einen guten Markennamen haben, muss man sich zu 99% keinerlei Gedanken, um eine faire Geschäftsbeziehung machen – so zumindest meine Erfahrung.

Affiliate Marketing ist neben dem klassischen E-Commerce eben das größte Geschäftsgeld, wenn es ums Thema „Geld verdienen" oder „Online Business" geht. In jedem Markt, in dem die Strukturen zu groß werden, ist **Platz für Leute, die es mit der Ehrlichkeit und Rechtstreue nicht so ernst nehmen.** Diesen Fakt wird man in diesem Jahrhundert wohl nicht mehr ändern. Sich darüber aber bewusst zu sein und mit offenen Augen durch die Internet-Geschäftswelt zu gehen, wird vor grobem Schaden schützen.

Geld verdienen mit Affiliate Marketing

Wie Sie bereits wissen, benötigt es mindestens zweier Parteien, um Affiliate Marketing betreiben zu können. Das ist einmal das Unternehmen, das etwas zu verkaufen hat und auf der anderen Seite ein Partner als Affiliate, welcher mit dem Bewerben dieser Produkte Geld verdienen möchte. Um die Interessen dieser beiden Parteien nun geschäftlich zu verbinden, benötigt es eines Partnerprogramms, welches die technische Abwicklung der Vermittlungen, der Umsätze und Provisionierung dieser sicherstellt.

Partnerprogramme gibt es zig tausende da draußen, in jeder erdenklichen Branche, zu nahezu jedem Produkt. Der erste Schritt ist nicht schwer. Sie suchen sich ein Partnerprogramm aus, welches perfekt zum Thema Ihrer Website passt und melden sich dort mit Ihrer Seite an. Um als Affiliate tätig zu werden und ein solches Partnerprogramm bewerben zu dürfen, müssen Sie selbst keine aufwändigen Bewerbungen schreiben und sind auch nicht gezwungen irgendwelche Verpflichtungen einzugehen. Die **Teilnahme an einem Partnerprogramm ist völlig kostenlos** und auch weitere finanzielle Verpflichtungen, wie bestimmte Umsatzziele, die es zu erreichen gilt, gibt es nicht. Ihre Arbeit unterliegt einzig und allein Ihrer eigenen Kontrolle und Maßgebung. Als Affiliate gehen Sie außerdem keine komplizierten, laufzeitgebundenen Verträge ein, sondern sind völlig frei in der Entscheidung, wie lange Sie ein Produkt bewerben möchten und wann, wie und wohin Sie bei Bedarf wechseln wollen. Selbst die Teilnahme an dutzenden verschiedenen Partnerprogrammen, auch aus der selben Branche, ist kein Problem und kann Ihnen nicht untersagt werden.

Voraussetzungen für die Arbeit als Affiliate

Wie in diesem Buch schon erwähnt, ist Affiliate Marketing eine Tätigkeit mit **sehr geringen Einstiegshürden.** In Folge dessen gibt es keine Voraussetzungen, wie hohes Startkapital, bestimmte Kontakte, einen Studienabschluss oder irgendein Zertifikat, das zuvor erworben werden müsste. Einige Voraussetzungen sollten dennoch erfüllt sein, um eine gute Basis zu schaffen und dieses Geschäft auch auf Dauer erfolgreich betreiben zu können.

Computer- und Internetkenntnisse

Um im Internet Geld verdienen zu können, benötigen Sie selbstverständlich einen Computer und einen Internetanschluss. Sie sollten in der Lage sein, diesen unfallfrei zu bedienen und **grundlegende Kenntnisse über die Funktionsweise des Internets** haben. Mit grundlegende Kenntnisse meine ich tatsächlich Basis-Kenntnisse, die sich bei fast jedem aus dem alltäglichen Gebrauch des Computers und Internets ergeben. Insofern Sie sich also dieses Buch übers Internet bestellt haben, dürften Sie die Voraussetzung zum Start schon erfüllt haben. Weitere Skills, im Umgang mit dem World Wide Web, werden Sie anschließend durch Learning by Doing erwerben.

Website erstellen

An diesem Punkt brauchen Sie keine Panik zu bekommen, weil Sie im Leben noch keine einzige Website selbst erstellt haben. Diese Sorge ist unbegründet. Eine einfache Website online zu stellen ist heute, dank diverser Website-Baukästen und Content Management Systeme wie WordPress, wirklich keine Raketenwissenschaft mehr. Ohne eine eigene Website ist es leider nahezu unmöglich im Affiliate

Marketing richtig Gas zu geben und dauerhaft gute Einnahmen zu erzielen. Sicher gibt es den einen oder anderen Weg mit Affiliate Marketing Geld zu verdienen, wenn noch keine eigene Website existiert (dazu später mehr), doch das kann immer nur eine Übergangslösung sein. Wenn Sie vorhaben als Affiliate Geld im Internet zu verdienen, dann sollten Sie **keine Scheu vor dem Thema „Website-Erstellung"** haben und sich mit den vielfältigen Möglichkeiten vertraut machen. Um sich vom Start weg den Auf- und Ausbau Ihres Internetprojektes offen zu halten, sollten Sie dabei auf ein professionelles Content Management System wie WordPress setzen. Für eine detaillierte und bebilderte Anleitung zum Umgang mit WordPress, lohnt sich ein Blick in mein Buch „Webdesign zum Selbermachen".

Inhalte erstellen

Wer sich nur ein bisschen durch die Materie googelt, wird schnell auf den omnipräsenten Spruch **„Content is King"** stoßen. Vielfach diskutiert, auseinandergenommen und umgekrempelt, kann man bis heute nur zu dem Schluss kommen: Genauso ist es! Gute und Inhalte sind Grundlage und Motor jeder Tätigkeit im Affiliate Marketing.

Wenn Sie selbst gerne schreiben und sich in der Lage fühlen informative und ansprechende Texte zu erstellen, dann haben Sie schon mal einen großen Vorteil und ein wichtiges Kriterium für Ihre Arbeit als Affiliate erfüllt. Nun aber keine Sorge, wenn das bei Ihnen nicht der Fall ist. Sollte Ihnen das Schreiben von Texten schwerfallen, dann haben Sie die Möglichkeit diese Arbeit an einen Freelancer auszulagern, welcher gegen Bezahlung die gewünschten Aufgaben übernimmt. Zu diesem Zweck gibt es, was Texterstellung angeht, diverse Texter-Plattformen, auf denen Sie als Auftraggeber

Ihren Auftrag einstellen und zu sehr günstigen Preisen einen fähigen Texter bekommen, der sie mit frischen Content versorgt. Die Preise für Texte werden nach Anzahl der Wörter berechnet und liegen hier, je nach Qualität des Textes, bei 2-4 Cent pro Wort. Ein Artikel mit 400 Wörtern ist also schon für 8 Euro zu bekommen.

Bekannte Texter-Plattformen:

textbroker.de

textprovider.de

content.de

Für einen gewissen Mehrwert, bestehen **gute Inhalte, neben reinem Text, natürlich auch aus Bildern und Grafiken.** Ein gutes Bild sagt mehr als 1000 Worte und spricht viel schneller als das geschriebene Wort das jemals könnte. Wer die Möglichkeit und die Fähigkeiten hat selbst zu fotografieren, ist selbstverständlich im Vorteil. Für die meisten ist das aber sicher nicht der Fall, weshalb es die Möglichkeit gibt entsprechendes Bildmaterial einzukaufen oder auf Bildmaterial unter dem Lizenzmodell der „Creative Commons" zurückzugreifen, welches dann in der Regel kostenlos verwendet werden darf. Auch hierfür gibt es einige gute Anlaufstellen.

Bildplattformen für kostenloses und kostenpflichtiges Bildmaterial:

pixabay.com

unsplash.com

gratisography.de

de.fotolia.com

depositphotos.com

Nicht zuletzt bietet auch der Betreiber eines Partnerprogramms oft ausreichend Bildmaterial und Produktabbildungen, welche zu Werbezwecken verwendet werden dürfen, so dass die mühsame Suche nach passenden Bildern gar nicht erst nötig ist.

Themenkenntnisse und Interesse

Eine weitere Voraussetzung für einen erfolgreichen Start ins Affiliate Marketing, sind Kenntnisse auf dem Themengebiet, zu dem man sein erstes Affiliate-Projekt starten möchte. Anfangs möchten Sie sicher so wenig Geld wie möglich einsetzen und erledigen dafür die meisten Arbeiten selber. Dazu gehört natürlich allem voran die Erstellung von relevanten Inhalten und diese fällt nun mal leichter, je mehr Ahnung man selbst von diesem Thema hat. Das bedeutet natürlich nicht, dass Sie hier ein abgeschlossenes Studium absolviert haben müssen oder tatsächlich DER „Top-Experte" sind. **Grundkenntnisse und Interesse am Thema des eigenen Affiliate-Projektes** sorgen aber nicht zuletzt dafür, dass die Motivation dran zu bleiben nicht so schnell verloren geht. Wenn Sie Lust darauf haben ein Projekt zu starten, zu dessen Thema Sie eigentlich selbst noch nicht wirklich firm sind, soll und wird Sie auch daran natürlich niemand hindern. Viele heute erfolgreiche Webseiten sind dadurch entstanden, dass der Webmaster sich selbst mit der Zeit das nötige Wissen angeeignet hat und die Öffentlichkeit an seinem eigenen Lernprozess teilhaben ließ. In der Blogger-Szene sind solche Inhalte tatsächlich sehr beliebt und eignen sich hervorragend dafür, immer wieder Affiliate-Produkte zu bewerben.

Darüber hinaus sind Sie als Affiliate im Werbegeschäft tätig. **Was Werbung, Marketing und die damit verbundene Psychologie betrifft, sollte also ein Grundverständnis vorhanden sein,** denn hier spielt sich, neben der technischen Umsetzung, ein Großteil Ihrer

Arbeit ab. Inhalte müssen zielgruppengerecht erstellt und passende Angebote schmackhaft gemacht werden. Selbst wenn man die Erstellung von Verkaufstexten oder redaktionellen Inhalten nicht selbst übernimmt, ist es dennoch notwendig, in der Lage zu sein, einem Freelancer klare Anweisungen dazu zu geben. Hat man nämlich überhaupt keinen blassen Schimmer vom Geschehen, wird auch das schwer werden.

SEO - Suchmaschinenoptimierung

Nicht zuletzt werden Sie, eher früher als später, auch auf Themen wie Suchmaschinenoptimierung (abgekürzt SEO) stoßen. Über keinen anderen Kanal lässt sich mehr und auf Dauer günstiger Traffic beziehen, als über Suchmaschinen. Jeder nutzt sie, egal ob für die reine Informationssuche oder schon mit der klaren Absicht irgendetwas zu kaufen. Aufgrund dieser Tatsache, ist das **Erlernen der verschiedenen SEO-Faktoren und deren Anwendung** auf der eigenen Website sicher für jeden Webseitenbetreiber von großem Interesse. Es ist keine Voraussetzung, dass Sie jetzt schon wissen, was es damit auf sich hat, geschweige denn welche SEO-Faktoren im Detail wichtig und zu beachten sind. Themen wie diese und auch andere nützliche Fertigkeiten, können und werden Sie sich schrittweise beim Aufbau Ihrer Webseite(n) aneignen und implementieren. Fühlen Sie sich als Neuling also bitte nicht erschlagen von den vielen neuen Informationen, die auf Sie einprasseln. Nehmen Sie sich einfach die Zeit, Stück für Stück zu lernen und eins nach dem anderen umzusetzen – „Learning by Doing" ist hier wieder das Stichwort, und wenn Sie das beherzigen, dann sind Sie auf dem richtigen Weg.

Leidenschaft und Ausdauer

Technische Vorkenntnisse sind zwar hilfreich, beim Aufbau und Betreiben eines eigenen Business im Internet, aber noch viel wichtiger ist eine gewisse **Affinität zum Internet und zum Thema Marketing.** Inhalte, Reichweite, Traffic aufzubauen und damit letztendlich auch Einnahmen zu generieren, braucht eine gewisse Zeit. Die Gesetzte des Geschäftsaufbaus im Internet unterscheiden sich nicht sehr von denen der Offline-Welt. Auch hier fällt das Geld nicht von Himmel. Mehrwert muss geliefert werden, Kunden angezogen und Überzeugungsarbeit geleistet werden. All das verschlingt online, wie in jedem herkömmlichen Geschäft auch, Zeit und wird wahrscheinlich am Anfang für die eine oder andere „unbezahlte" Überstunde sorgen. Damit Sie sich von solchen Phasen nicht entmutigen lassen und das Handtuch zu früh werfen, bedarf es einer gewissen Leidenschaft für das eigene Business. Das sorgt für **die nötige Ausdauer.** Machen Sie nicht den gleichen Fehler wie so viele andere, zu glauben, online Geld verdienen sei doch nicht möglich, nur weil es nicht auf Anhieb „flutscht" und das passive Einkommen über die eigene Website ein bisschen auf sich warten lässt. Niemand weiß, wie lange es genau dauern wird, bis ein Projekt Geld abwirft, geschweige denn wie viel das sein wird. Das ist aber in absolut jedem Geschäft so und der Geist des Unternehmertums ist es, weitermachen und durch kluge Schritte das Geschäft, die eigenen Websites erfolgreich zu machen. Hier entscheidet sich, wer den Traum vom Geld verdienen im Internet am Ende leben wird und bei wem es beim Träumen bleibt.

Was Sie als Affiliate mitbringen müssen

- Computer und Internetzugang

- Grundlegende Computer- und Internetkenntnisse
- Neugier und den Willen Neues zu lernen
- Expertise auf einen Themengebiet oder Interesse an einem bestimmten Thema
- Die Bereitschaft ernsthaft zu arbeiten
- Durchhaltevermögen
- Ins Handeln kommen – Gelerntes auch umsetzen

Zusammenfassend möchte ich noch einmal sagen: Technische Vorkenntnisse und ein Verständnis von Marketing sind zwar von Vorteil und werden den Start erleichtern, noch wichtiger ist aber eine gewisse Leidenschaft und Affinität für die Welt des Internets, mit all seinen Möglichkeiten und Spielregeln. Alles andere lässt sich ziemlich schnell erlernen.

Wo finde ich Partner?

Partner zu finden, dessen Produkte man bewerben kann, ist heutzutage wirklich einfach. Als Affiliate brauchen Sie sich nicht mühselig durchs Internet wühlen und einzelne Firmen anzuschreiben, um eventuell eine Partnerschaft mit ihnen eingehen zu können. Abgesehen davon würde sich dann die Frage nach der technischen Umsetzung stellen, welche unbedingt zu 100% funktionieren muss, damit Sie nicht umsonst werben und eventuell Provisionen verlieren. All das wäre für beide Seiten, Sie und das entsprechende Unternehmen, ein ungemeiner Aufwand und kaum lohnenswert. Der einfachste Weg Partnerprogramme für die eigenen Webprojekte zu finden, sind Affiliate Netzwerke. Dort warten gebündelt hunderte und tausende potenzielle Partnerprogramme, bei denen Sie sich bewerben können.

Neben den großen Affiliate Netzwerken, gibt es außerdem noch sogenannte Inhouse Partnerprogramme. In diesem Fall wird die gesamte Abwicklung der Geschäfte vom Betreiber des Partnerprogramms selbst übernommen. Der ein oder andere Schatz ist hier sicherlich zu finden. Um Partnerprogramme dieser Art zu finden, gibt es leider nicht die Möglichkeit einfach eine Suchmaschine zu bemühen, die einem dann eine schön sortierte Liste mit Partnern ausspuckt. Um ein Inhouse Partnerprogramm zu finden, muss man im Grunde schon vorher wissen, mit welchem Unternehmen man gerne zusammenarbeiten möchte. Dann geht man entweder auf die Website des Unternehmens und sucht nach einem Link namens **„Partnerprogramm“**, **„Partner“** oder **„Affiliates“** und folgt den Anweisungen dort, oder man nimmt sich Google und Co. zu Hilfe und tippt folgendes ein: **„“Firmenname“ + Partnerprogramm“** oder auch **„“Firmenname“ + Affiliate“.** Verfügt das Unternehmen über ein Partnerprogramm, so werden Sie diese Weise direkt die entsprechende Unterseite finden und können dort der Anleitung des Unternehmens folgen.

Was sind Affiliate Netzwerke?

Affiliate Netzwerke sind so etwas wie Marktplätze, auf denen sich Affiliates und Merchants (Verkäufer) treffen und Partnerschaften eingehen können. Grundsätzlich ist Affiliate Marketing ja ein Geschäft zwischen zwei Parteien (bei Inhouse Partnerprogrammen). Einem Unternehmen, welches ein Produkt verkaufen möchte und einem Vermittler, der beim Verkauf hilft und sich dafür auf Provisionsbasis bezahlen lässt. Wird ein Partnerprogramm nicht vom Merchant selbst abgewickelt, kommt hier noch eine weitere Partei hinzu. Das Affiliate Netzwerk ist der Dritte im Bunde und fungiert als Schnittstelle zwischen Partnerprogrammbetreiber und Affiliate. Ein solches Netzwerk **unterhält Geschäftsbeziehungen zu beiden Seiten,** ist unabhängig und übernimmt die **technische und finanzielle Abwicklung der einzelnen Transaktionen** zwischen Merchant und Affiliate. Sowohl für den Verkäufer, als auch den Affiliate bringt das einige Vorteile mit sich.

Für Affiliates ist der größte Vorteil sicher, dass er mit einer einfachen Anmeldung Zugriff auf hunderte oder tausende Partnerprogramme hat und das branchenübergreifend, ohne die Plattform wechseln zu müssen. Alle Einnahmen werden in einer Bilanz, einem Konto gesammelt und egal wie viele Geschäftspartner (Partnerprogramme) man als Publisher eigentlich hat, der Kommunikationsweg geht immer über eine zentrale Stelle. Auch bei der Abrechnung der Einnahmen ist nur EINE Rechnung, an EINEN Leistungsempfänger notwendig, statt für jedes Partnerunternehmen, mit dem man im Netzwerk zusammenarbeitet, eine eigene erstellen zu müssen.

Und auch die Betreiber von Partnerprogrammen haben Vorteile durch die Abwicklung ihrer Affiliate-Geschäfte über ein solches Netzwerk. Merchants finden hier auf einen Schlag viele geeignete Partner, für die Bewerbung Ihrer Produkte, ohne separat eigene Maßnahmen zum Anwerben von Vertriebspartnern starten zu müssen. Als Merchant spart man sich die technische Umsetzung beim Tracking, die Verwaltung der vielen Partner und überlässt all das einem Unternehmen, dessen Expertise genau das ist. Genau wie der Affiliate auch, sieht auch der Betreiber eines Partnerprogramms sich bei der Abrechnung nur mit einer Partei konfrontiert (dem Affiliate Netzwerk) und spart sich damit eine Menge Papierkram.

Nicht zuletzt handelt es sich in dieser Konstellation um eine Win-Win-Win-Situation, denn auch das Affiliate Netzwerk verdient mit seiner Dienstleistung am Ende Geld. Genauso wie ein Affiliate, lässt sich ein Affiliate Netzwerk in der Regel am Umsatz beteiligen. Die Kosten für die Abwicklung von Affiliate-Geschäften über ein Netzwerk trägt dabei der Merchant und muss dies in sein Business, in seine Verkaufs-Marge einkalkulieren. Sie als Affiliate haben Ihre vorher festgelegte Provision und müssen davon auch nichts mehr abgeben.

Welche Affiliate Netzwerke gibt es?

Mittlerweile gibt es eine ganz nette Auswahl unter den Affiliate Netzwerken da draußen. Es gibt große Netzwerke, die **Big Player**, an denen man in den meisten Fällen auch nicht vorbeikommt, und es gibt kleinere Netzwerke, mit unterschiedlichen Spezialisierungen. Neben den weithin bekannten Affiliate-Netzwerken, die auch so ziemlich jedes große Unternehmen im Programm haben, existieren auch andere Online-Vertriebslösungen, zum Beispiel für bestimmte Produktarten. Damit meine ich **Affiliate-Plattformen für den Verkauf von digitalen Produkten**, wie Ebooks, Videokursen, Software und Webinaren. Die im deutschsprachigen Raum bekannteste Plattform dieser Art ist wohl Digistore24.

Die Anmeldung bei einem Affiliate Netzwerk kostet Sie als Partner nichts und es ist absolut zu empfehlen, sich bei mehreren Netzwerken anzumelden. Die Netzwerke haben nicht alle das selbe Programm und arbeiten mit verschiedenen Partnern zusammen. Mit mehreren Anmeldungen, haben Sie immer eine optimale Auswahl an passenden Partnerprogrammen für Ihre Projekte. Abgesehen davon, verfügt jedes Netzwerk natürlich auch über eine ganz eigene Benutzeroberfläche, mit der jeder unterschiedlich gut oder schlecht zurechtkommt. Auch das ist nicht ganz unwichtig, denn die Steuerung und die tägliche Navigation durch das User-Interface sollte Ihnen liegen. Da hilft nur Anmelden und ausprobieren. Wo Sie am Ende bleiben, oder den Großteil Ihrer Geschäfte abwickeln, ist dann ganz Ihnen überlassen.

Neben den klassischen Affiliate Netzwerken, gibt es aber auch noch das ein oder andere große **Inhouse-Partnerprogramm**. Es der größten und bekanntesten dieser Art betreibt der Versandhandelsriese Amazon. Eine Anmeldung beim Amazon Partnerprogramm kann ich aus mehreren Gründen unbedingt empfehlen, aber dazu gleich mehr. Nun genug der langen Rede. Die bekanntesten und empfehlenswertesten Affiliate Netzwerke möchte ich Ihnen im Folgenden einfach einmal vorstellen.

1) Zanox

Zanox (http://www.zanox.com/de/) ist der Marktführer unter den Affiliate-Netzwerken im deutschsprachigen Raum, besteht seit dem Jahr 2000 und beschäftigt rund 600 Mitarbeiter an verschiedenen Standorten. Es bietet mit über 4.000 Partnerprogrammen eine riesige Auswahl für Affiliates, darunter finden sich viele namenhafte Unternehmen. Ausgezahlt wird bei Zanox per Überweisung und das ab einer Summe von 25€. Sollte dieser Betrag zum Auszahlungsdatum noch nicht erreicht sein, dann wird das Geld einfach im Account behalten und steht mit der nächsten Auszahlung, welche mehr als 25€ beträgt, zur Verfügung.

Übersicht:

- Marktführer
- besteht seit 2000 und beschäftigt 600 Mitarbeiter
- über 4.000 Partnerprogramme
- viele namenhafte Unternehmen als Partner
- Auszahlung ab 25€, per Überweisung

2) Affilinet

Affilinet ist neben Zanox (https://www.affili.net/de/home) ein weiterer Big Player unter den Partner-Netzwerken in Europa und ist seit 1997 auf dem Markt. Insgesamt 200 Mitarbeiter arbeiten für Affilinet und sorgen für ein professionelles Management der Geschäftsvorgänge. Mit über 2.500 Partnerprogrammen findet man auch hier zu jedem Thema ein passendes Produkt oder eine Dienstleistung, die man bewerben kann. Auch hier stößt man auf viele große und namenhafte Partnerunternehmen, deren Partnerprogramme Affilinet exklusiv anbietet. Eine Auszahlungsgrenze gibt es nicht. Verdiente Provisionen werden quasi schon ab dem ersten verdienten Cent, also ab 0,01€, ausgezahlt. Das geschieht automatisch und per Überweisung.

Übersicht:

- großer Marktteilnehmer
- besteht seit 1997 und beschäftigt 200 Mitarbeiter
- über 2.500 Partnerprogramme
- viele bekannte Unternehmen und vor allem viele exklusive Partner
- Auszahlung automatisch ab 0,01€, per Überweisung

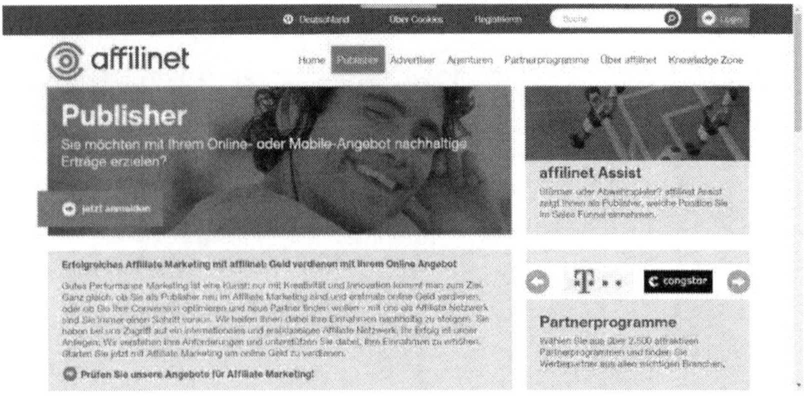

3) Belboon

Ein weiteres etabliertes Affiliate Netzwerk ist Belboon (https://www.belboon.com/de/). Belboon gibt es seit dem Jahr 2002 und heute kümmern sich 24 Mitarbeiter um einen reibungslosen Ablauf für Affiliates und Merchants. Insgesamt tummeln sich ca. 120.000 registrierte Affiliates auf Belboon und greifen auf einen Pool von rund 1.300 Partnerprogrammen zu. Auch wenn die Auswahl der Partner zahlenmäßig geringer ist, als bei den größten Anbietern im Netz, so lassen sich dennoch unzählige lukrative Partnerprogramme finden. Eine Auszahlung kann generell ab 25€ per Überweisung veranlasst werden. Entweder lässt man sich sein Geld immer automatisch, zum nächsten Stichtag, auszahlen oder man beantragt seine Auszahlungen manuell, sobald eine größere Summe aufgelaufen ist.

Übersicht:

- bekanntes und etabliertes Netzwerk mit 120.000 registrierte Affiliates
- besteht seit 2002 und beschäftigt 24 Mitarbeiter
- rund 1.300 Partnerprogramme
- Auszahlung automatisch oder manuell ab 25€, per Überweisung

4) Adcell

Adcell (http://www.adcell.de/) ist ein im Vergleich eher kleiner Vertreter seiner Zunft und seit 2003 auf dem Markt. 14 Mitarbeiter halten das Unternehmen am Laufen und betreuen die 100.000 Affiliate-Accounts sehr gut. Mit über 1.000 verschiedenen Partnerprogrammen ist die Auswahl sicher bei Weitem nicht so hoch, wie bei einem Zanox, weniger lukrativ ist eine Teilnahme an diesem aber keineswegs. Besonders in den Bereichen Dating, Single Börsen, Online Games, Gewinnspiele, Unterhaltung lassen sich hier extrem viele und gut bezahlte Lead- wie auch Sale-Partnerschaften finden.

Übersicht:

- kleinerer spezialisierter Anbieter mit 100.000 Nutzern
- besteht seit 2003 und beschäftigt 14 Mitarbeiter
- über 1.000 Partnerprogramme
- besonders viele Programme zu Dating, Singles, Gewinnspiele, Online Games
- Auszahlung ab 25€, per Überweisung

5) Digistore24

Digistore24 (https://www.digistore24.com/) ist als Affiliate Netzwerk seit 2012 auf dem Markt, spezialisiert auf digitale Produkte und wird bereits von über 8.000 Affiliates genutzt. Wer im deutschsprachigen Raum als Affiliate digitale Produkte bewerben will, der kommt nur sehr schwer an Digistore24 vorbei. Mit mehr als 2.500 Produkten ist die Auswahl wirklich riesig und deckt nahezu jedes halbwegs populäre Thema ab. Außerdem sind, wie bei digitalen Produkten üblich, die Provisionen sehr hoch und liegen in dem meisten Fällen bei 50% oder darüber. Das User Interface für Merchants und Affiliates ist wirklich sehr übersichtlich gestaltet und reagiert schnell – meiner Meinung nach die beste Oberfläche unter den Marktplätzen für digitale Produkte. Auch die Auszahlung der verdienten Provisionen funktioniert unkompliziert, per Überweisung und wird ab 25€ automatisch veranlasst.

Übersicht:

- spezialisiert auf digitale Produkte im deutschen Markt
- besteht seit 2012 mit 8.000 Affiliates
- über 2.500 Produkte
- hohe Provisionen von 50% und mehr
- Auszahlung ab 25€, automatisch per Überweisung

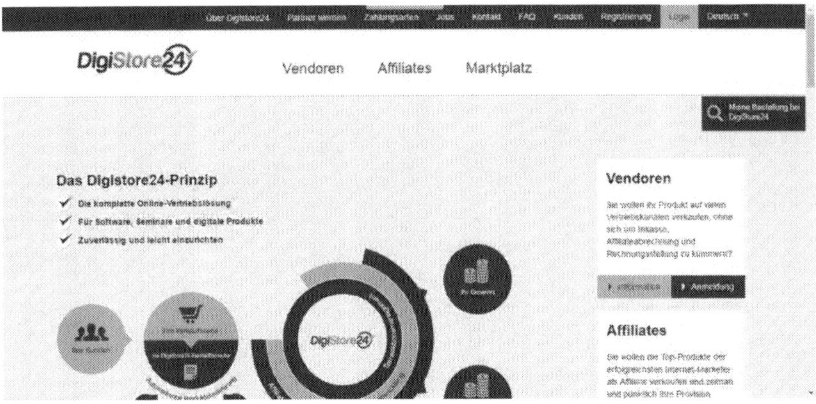

6) Clickbank

Clickbank (http://international.clickbank.com/de/) ist ein anderes Affiliate Netzwerk, das sich ausschließlich mit digitalen Produkten beschäftigt und kann quasi als das amerikanische Pendant zu Digistore24 bezeichnet werden. Clickbank beherbergt über 900 Produkte, die beworben werden können - davon mehr als 250 deutschsprachig. Wie bei digitalen Produkte üblich, sind auch hier die Provisionen mit meist 50% - 75% sehr hoch. Trotz der 250 deutschsprachigen Produkte, muss man allerdings sagen, dass Clickbank schon im Großteil auf den amerikanischen Markt ausgelegt ist. Die Website, durch die man sich als Affiliate navigieren muss, ist, meiner Meinung nach, nicht so übersichtlich aufgebaut, wie die von Digistore24. Trotz ein oder zwei negativer Punkte, gehört Clickbank aber ganz klar auf die Liste der besten Affiliate Netzwerke, bei denen sich eine Anmeldung lohnt.

Übersicht:

- eher auf den amerikanischen Markt ausgelegt
- über 900 Produkte, davon mehr als 250 deutschsprachig
- hohe Provisionen von 50% und mehr
- Auszahlung per Überweisung oder Scheck, ab 10$ (Auszahlungsschwelle kann individuell eingestellt werden)

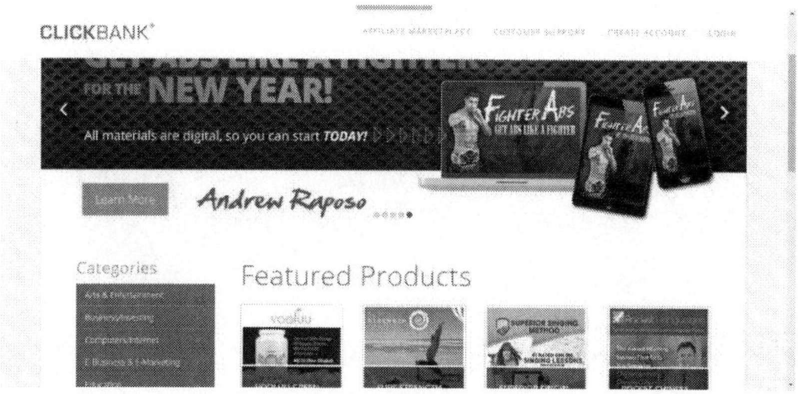

7) Amazon Partnernet

Der Online-Versandhändler Amazon ist wohl den allermeisten ein Begriff. Doch, dass der Online-Riese jedem auch die Möglichkeit bietet, am Verkauf der vielen Produkte mitzuverdienen, das ist den wenigsten Normal-Usern bewusst. Mit dem **Amazon Partnernet** (https://partnernet.amazon.de/) betreibt Amazon das wahrscheinlich größte Partnerprogramm der Welt, mit hunderttausenden Partnern, über die ganze Welt verteilt. Als Affiliate von Amazon, können Sie jedes Produkt, das auf der Plattform zu finden ist, bewerben, über Ihre Website empfehlen und mit Ihrem Affiliate-Link Geld verdienen. Da der allergrößte Teil, der auf Amazon verkauften Produkte, physische sind, bewegen sich die Provisionen für den Affiliate natürlich nicht in Bereichen von 50%, wie bei das bei digitalen Produkten der Fall ist. Die Werbekostenerstattung (so nennt sich das bei im Amazon Partnernet) bewegt sich in einer Spanne von 1% bis 10% und wird nach Produktkategorien gegliedert. Wo es für große und kleine Elektroartikel nur 1% oder 3% Provision gibt, erhalten Sie bei einem Verkauf in der Kategorie „Bekleidung“ den Höchstsatz von 10%.

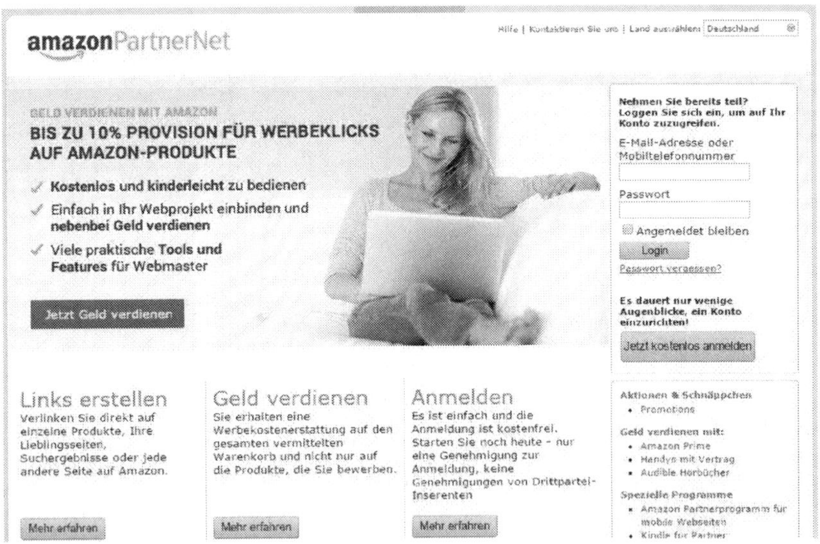

Die Cookie-Laufzeit beim Amazon Partnernet ist vergleichsweise kurz und beträgt nur 24 Stunden. Danach muss ein Kunde Amazon erneut über Ihren Affiliate Link besuchen, damit Sie die Provision gutgeschrieben bekommen. In der Regel ist die schnelle Verfallszeit der Cookies aber kein Problem, da Amazon den entscheidenden Vorteil hat, dass nahezu jeder es kennt und auch schon einmal dort eingekauft hat. Das Vertrauen in die Plattform ist also in den meisten

Fällen schon vorhanden und ein Interessent wird sich viel schneller zum Kauf entschließen, als er das bei einem anderen Online Shop tun würde. Ein weiterer Pluspunkt für das Partnerprogramm von Amazon ist, dass Provisionen immer auf den Wert des gesamten Warenkorbs eines Kunden berechnet werden. Das erhöht die Verdienstchancen, selbst bei der Vermarktung eines relativ niedrigpreisigen Produktes enorm. Viele Kunden haben sowieso schon Wunschlisten mit den unterschiedlichsten Produkten bei Amazon angelegt. Wenn nun ein Kunde über Ihren Affiliate-Link einen USB-Stick kaufen möchte, sich dann aber noch dafür entscheidet, die Kaffeemaschine, die schon so lange auf Der Wunschliste wartet, in den Warenkorb zu packen, dann kassieren Sie für die USB-Stick, den Sie aktiv beworben habe **UND** auch für die deutlich teurere Kaffeemaschine die volle Provision. Solche, vom Affiliate nicht eingeplanten, Impuls-Käufe können als Affiliate von Amazon einen erheblichen Anteil der Gesamteinnahmen ausmachen, auf die man dann sicher nicht mehr verzichten möchte.

Übersicht der Werbekostenerstattung nach Produktkategorien

PRODUKTKATEGORIE	WERBEKOSTENERSTATTUNGSSATZ
Fernseher, Smartphones & Tablets ohne Vertragsbindung, PS4-Konsolen	1,0%
Computer, Elektronik und Foto, Elektro-Großgeräte	3,0%
Software, Musik, DVD, Games, Baumarkt, Spielzeug, Küche & Haushaltswaren, Sport & Freizeit	5,0%
Amazon Geschenkgutscheine	6,0%
Bücher*, Auto und Motorrad, Home, Garten & Freizeit, Musikinstrumente & DJ, Bürobedarf, Baby, Parfümerie & Kosmetik, Lebensmittel und Getränke, Drogerie & Bad, Drogerie & Bad-Elektrogeräte und Zubehör, Haustier	7,0%
Bekleidung, Schmuck , Gepäck, Schuhe, Uhren, digitale Produkte (eBooks*, Musik, Video, Software, Spiele, Apps) Kindle-Produkte	10,0%
Alle übrigen Produkte	7,0%

Übersicht:

- unterschiedlich hohe Provisionen zwischen 1% und 10%
- sehr bekanntes Unternehmen
- eines der größten Partnerprogramme der Welt
- Zugriff auf Millionen von Produkten aller Arten
- überwiegend physische Produkte

Das richtige Partnerprogramm

Welche Provisionsmodelle gibt es?

Partnerprogramme haben unterschiedliche Bedingungen, nach denen Sie funktionieren. Der entscheidende Unterschied liegt in der Art der Provisionierung. Unterschiedliche Provisionsmodelle bedeuten, dass Sie als Affiliate für verschiedene „Werbeziele" bezahlt werden. Am häufigsten werden Ihnen im Affiliate Marketing **3 Provisionsmodelle** begegnen – **Pay per Lead, Pay per Sale** und **Pay per Click.** Weitere Arten der Provisionierung sind TKP *(Tausender Kontakt Preis),* Lifetime Provisionen und Hybride, also eine Kombination aus zweien der genannten Modelle.

Was es mit den 3 gängigsten Provisionsmodellen im Einzelnen auf sich hat, werde ich Ihnen im Folgenden erklären.

PPS (Pay per Sale)

Verdienst pro Verkauf

Ein Pay-per-Sale-Partnerprogramm bezahlt den Affiliate pro vermitteltem zahlendem Kunden. Eine gültige Provisionierung kommt in diesem Fall also erst zustande, wenn ein Besucher über Ihren Link etwas gekauft hat. Im Gegensatz zu einem fixen Provisionsbetrag beim PPL, wird die Provision pro Verkauf prozentual berechnet und Ihrem Affiliate-Konto gutgeschrieben.

Die Provisionen, die hier erreicht werden können, sind insgesamt meist deutlich höher, als bei einem vermittelten Lead, da der Wert des Warenkorbs eines Kunden theoretisch unbegrenzt hoch sein kann. Nun gibt es beim Pay per Sale auch Unterschiede in der Höhe der Beteiligung zwischen physischen und digitalen Produkten. Bei physischen Produkten liegt die Provision am Verkaufspreis oder Warenkorbwert in der Regel **zwischen 3% - 15%.** Höhere Anteile sind eher selten, da die Marge der Händler bei den allermeisten physischen Produkten begrenzt ist und einfach nicht mehr hergibt. Beim Verkauf von digitalen Produkten sieht das schon etwas anders aus. Hier sind **Provisionen von 50% eigentlich die Regel** und gehen in einigen Fällen bis 75% hoch. Sie als Partner/Affiliate verdienen also in solch einem Fall teilweise mehr am Verkauf eines Produktes, als der Verkäufer selbst. Das ist wirklich mehr als fair, wenn man bedenkt, dass Sie zwar einen Kunden vermittelt haben, aber in die Erstellung und Pflege des Produktes absolut nichts investiert haben.

PPL (Pay per Lead)

Verdienst pro Anmeldung

Beim Pay-per-Lead-Provisionsmodell wird eine **feste Provision**, ein fester Betrag, gezahlt, sobald ein von Ihnen vermittelter User sich beim Merchant in irgendeiner Art und Weise anmeldet und dabei **seine Kontaktdaten hinterlässt.** Eine solche Anmeldung kann die Teilnahme an einem Gewinnspiel sein, die **Eintragung in einen Newsletter, die Anmeldung in einem Chatportal** oder bei einem **Online-Game.** All das ist für den User in der Regel komplett kostenlos und bedarf lediglich der Angabe einer E-Mail-Adresse. Das reicht aus, damit Sie als Affiliate Ihre Provision kassieren. Aufgrund der Tatsache, dass Lead-Angebote kostenlos und relativ unverbindlich sind, ist es für Sie als Affiliate deutlich einfacher, gültige Vermittlungen zu generieren, als das beim Verkauf eines teuren Produktes der Fall wäre.

Die Provisionen bewegen sich hier in der Regel **zwischen 0,10€ bis zu 15€.** Das ist eine große Spanne, aber selbst am unteren Rande, sagen wir bei einem 1€ pro Lead, kann eine solche Kampagne, aufgrund der geringeren Hemmschwelle für den User ein solches, kostenloses Angebot wahrzunehmen, schon sehr lukrativ sein. Darüber hinaus gibt es auch Branchen, in denen die Provisionen für einen Lead, also einen vermittelten Interessenten, weit höher liegen als 15€. Die wohl höchsten Provisionen werden in der Finanz- und Versicherungsbranche gezahlt, wo Sie mit einem kostenlosen Versicherungs- oder Kreditvergleich, den ein Interessent über Ihren Affiliate-Link durchführt, schon mal **bis zu 70€ verdienen** können. Das ist die Provision, die Sie erhalten, wenn sich der User NUR ein kostenloses Vergleichsangebot zusenden lässt. Kommt darüber hinaus auch noch ein gültiger Kreditvertrag zwischen Bank und Kunden zustande, wird der Affiliate auch noch prozentual an der vermittelten Kreditsumme beteiligt. Das sind wirklich unglaubliche Summen, die man hier verdienen kann, doch dementsprechend umkämpft ist auch der Markt.

PPC (Pay per Click)

Verdienst pro Klick

Neben Pay-per-Sale und Pay-per-Lead, gibt es auch noch klassische PPC-Programme, an denen man als Affiliate teilnehmen kann. Bei diesem Modell werden die Provisionen **auf Klick-Basis abgerechnet.** Klickt jemand auf Ihren Werbebanner oder eine

Textanzeige auf Ihrer Website, dann erhalten Sie dafür eine gewisse Summe gutgeschrieben – meist sind das einige Cent. Obwohl dieses Modell eher untypisch und nicht das klassische Affiliate Marketing repräsentiert, nimmt es seit vielen Jahren seinen angestammten Platz im Internetgeschäft ein und ist durchaus dazu geeignet, Geld zu verdienen. Der bekannteste Betreiber eines PPC-Partnerprogramms ist wohl Google mit Google AdSense. Google vergütet dabei **jeden Klick, der auf eine AdSense-Anzeige** auf der Seite des Affiliates getätigt wird. Die Vergütung beträgt hier grob zwischen 0,05€ und 0,50€.

Neben den beschriebenen Provisionsmodellen, gibt es auch noch weitere Modelle, die eine Art Hybrid-Provisionierung zur Grundlage haben. Das sind zum Beispiel Umsatzbeteiligungen, Lifetime Provisionen, Fixe Provision + Lifetime Vergütung oder auch TKP (Tausender Kontakt Preis). Diese Modelle sind zwar nicht so häufig anzutreffen wie PPL, PPS und PPC, bieten jedoch, in Verbindung mit dem richtigen Produkt, enorm hohes Einnahmepotenzial und die Möglichkeit mehr als nur einmal und über Monate hinweg an einem geworbenen Kunden zu verdienen.

Welches Provisionsmodell sollte ich wählen?

Um die Entscheidung zu treffen, welches Provisionsmodell denn nun das richtige für das eigene Projekt ist, könnte man zuerst einmal folgende Regel festhalten: **Je höher die Hemmschwelle** für den User ist, ein bestimmtes Angebot wahrzunehmen, **desto höher ist auch die Provision und andersherum.** Der Klick auf ein

Werbemittel ist für den Kunden kaum mit Mühe verbunden, und dementsprechend oft geschieht das auch. Im Schwierigkeitsgrat gleich dahinter, folgt die Generierung eines Leads. Einen Interessenten dazu zu bringen, seine Kontaktdaten zu hinterlassen, bedarf schon ein bisschen mehr Überzeugungsarbeit. Weil das aber für den Kunden in den meisten Fällen mit keinerlei Kosten verbunden ist, ist auch das kein Hexenwerk. Der, im Vergleich zur Klickwerbung, höheren Hemmschwelle für den User angepasst, liegt die Provision für den Affiliate für einen Lead bei einigen Euro und nicht im Cent-Bereich. Einen Kauf zu tätigen und dabei vielleicht mehrere hundert Euro auszugeben, stellt mit Abstand die größte Hürde für einen Internet-User dar – so etwas passiert nicht einfach mal so oder gar aus Versehen, wie das bei Klickwerbung schon mal passieren kann. Schafft der Affiliate es jedoch, den Besucher seiner Website in einen zahlenden Kunden zu verwandeln, so fällt die Provision, je nach Produktpreis, deutlich höher aus, als beim Klick eines Banners und der Generierung eines Leads zusammen.

Desweiteren sollten Sie beachten, dass die Entscheidung für **Pay-per-Click** als Vergütungsmodell **nur bei Seiten mit sehr hohem Besucheraufkommen** Sinn macht. Einige zehntausend Besucher sind hier schon notwendig, um Einnahmen in nennenswerter Höhe verzeichnen zu können.
Der Einsatz von Pay-per-Lead-Programmen empfiehlt sich aus meiner Sicht eindeutig bei **Produkten, welche einen erhöhten Erklärungsbedarf haben** und die Entscheidung zu kaufen länger dauern kann. In diesem Fall müssen Sie als Affiliate nicht erst warten, bis der Kunde sich zum Kauf durchgerungen hat, sondern verdienen bereits mit der unverbindlichen Anfrage des Users Geld. Sind Sie mit Ihrer Website im Verkauf von **Konsumartikeln, Trendartikeln im mittleren Preissegment**, also Kaufartikeln mit

hohem „Entscheidungsfreudigkeitsfaktor“ (entschuldigen Sie diese Worterfindung) tätig, dann ist der Einsatz von Pay-per-Sale-Programmen wahrscheinlich eine gute Entscheidung. Der Kaufpreis der Produkte sollte jedoch nicht zu niedrig sein, da die Provision für einen Verkauf ansonsten einfach zu gering wäre. Aber auch hochpreisige Artikel, von mehreren hundert bis über 1000€, würde in Verbindung mit reiner Pay-per-Sale-Vergütung eher meiden. Käufer nutzen das Internet in solchen Fällen nicht selten nur für die Informationssuche zur Entscheidungsfindung. Der eigentliche Einkauf findet dann doch eher im Ladengeschäft vor Ort statt und Ihre Provision fällt weg. Zur Bewerbung von hochpreisigen Produkten, wäre ein Hybrid-Modell das Ideale, bei dem Sie erst für die Generierung des Interessenten, eines Leads, mit einem fixen Betrag vergütet werden und bei eventuell anschließendem Kauf noch einmal prozentual am Verkaufspreis mitverdienen. Leider sind solche Kombinationen nicht sehr häufig anzutreffen, daher empfiehlt es sich eine Nische für die eigene Website zu wählen, deren Produkte sich im mittleren Preissegment, also ungefähr **zwischen 50€ und 350€ bewegen.**

Ausführliche Checkliste für lukrative Partnerprogramme

1) Kennen Sie das Produkt?

Diese Frage sollte idealerweise mit **JA** beantwortet werden.

Sollte das doch nicht der Fall sein, bedeutet das natürlich nicht sofort, dass Sie dieses Produkt nicht bewerben dürfen. Um als

Affiliate für ein Produkt, eine Dienstleistung effektiv werben zu können, muss man in der Lage sein, dem Besucher das Produkt schmackhaft zu machen. Dazu gehört sicherlich in allererster Linie eine detaillierte und ehrliche Beschreibung des Produktes, in allen seinen Eigenschaften. Je mehr Details ein Interessent im Vorhinein erfährt, desto besser fühlt er sich ausgerüstet, um eine Entscheidung zu treffen. Ein Produkt möglichst detailgetreu und authentisch zu beschreiben, geht natürlich am einfachsten von der Hand, wenn Sie das Produkt selbst kennen. Sei es ein Ebook, das Sie selbst gekauft haben, ein Videokurs, den Sie gerade absolviert haben, ein Stromanbieter, zu dem Sie selbst vor kurzem gewechselt sind oder Ihr neues Smartphone, das Sie guten Gewissens weiterempfehlen möchten. Selbstverständlich ist es keine Pflicht, alles was man bewirbt auch selbst gekauft zu haben, absolut nicht. Sie müssen gar nichts. Alles was ich sagen möchte ist, dass es Ihnen Ihre Arbeit beim „Verkauf" eines Produktes deutlich vereinfacht, wenn Sie wissen, worüber Sie schreiben. Der Qualitätsfaktor Ihrer Empfehlungen steigt und Sie werden deutlich bessere Ergebnisse in Sachen Conversion erreichen. Auf Dauer ist es auch einfach anstrengend, sich immer etwas aus den Fingern zu saugen, von dem man eigentlich selbst kaum eine Ahnung hat – mir hat das zumindest nie Spaß gemacht. Wenn man es dann nicht wirklich gut beherrscht, die eigene Unwissenheit irgendwie zu überspielen, dann merkt das auch der Leser und wird Ihrer Empfehlung mit erheblich mehr Skepsis begegnen. Nicht umsonst wird überall angeraten, als Anfänger im Affiliate Marketing, am besten mit einem Thema zu beginnen, in dem man sich selbst auskennt oder mindestens ein starkes Interesse vorhanden ist.

2) Ist das Produkt qualitativ hochwertig? Bietet es einen echten Mehrwert für den Kunden?

Diese Frage sollte mit **JA** beantwortet werden.

Da wir als Affiliates in der Regel unseren Lesern auch keinen Mist verkaufen wollen, sollte natürlich sichergestellt werden, dass das empfohlene Produkt qualitativ einen gewissen Anspruch erfüllt. Das Produkt sollte dem Kunden einen echten Mehrwert bieten und das halten, was es verspricht. Das schnelle Geld liegt zwar oft dort, wo einfach verdammt gut Marketing gemacht wird, anstatt ein gutes Produkt zu liefern, doch ein qualitativ hochwertiges Produkt zu bewerben, sorgt logischerweise dafür, dass der Großteil der Kunden zufrieden ist und weniger Käufe und damit auch Ihre Provisionen storniert werden. Es ist also nicht ganz uneigennützig, wenn man sich vorher einmal anschaut, inwiefern ein Produkt oder eine Dienstleistung dem Kunden auch das liefert, was er braucht.

3) Stimmt das Preis/Leistungsverhältnis?

Diese Frage sollte mit **JA** beantwortet werden.

Wie in Punkt 2 geschrieben, sollten Sie darauf achten, dass das beworbene Produkt einen gewissen Qualitätsfaktor erfüllt und dem Kunden Mehrwert bietet. Sprich, Sie überprüfen die Leistung des Produkts. Der zweite ganz wichtige Faktor im Verkauf, ist aber auch der Preis. Der Preis ist der entscheidende Faktor, wenn es um das Treffen einer Kaufentscheidung geht, im Internet genauso wie Offline. Der richtige Preis liegt genau dort, wo Preis und Leistung zueinander passen. Pauschalisierungen wie, „möglichst teuer, damit mehr dran zu verdienen ist“ oder „am besten so billig wie möglich, weil dann mehr Menschen zuschlagen“, sind nicht zielführend, weder für den Verkäufer direkt, noch für Sie als Affiliate. Das Verhältnis zwischen Preis und Leistung muss einfach stimmen. So können Produkt 1 für 19,95€ und Produkt 2 für 99,95€ beide den richtigen Preis haben, weil Produkt 2 einfach mehr bietet. Das Preis/Leistungsverhältnis ist dann das gleiche. Um das Verhältnis von Preis und Leistung vernünftig einschätzen zu können, ist es, in Anlehnung an Punkt 1, am einfachsten, das Produkt selbst zu kennen. Das macht es einfacher zu entscheiden, ob sich die Empfehlung dieses Produkts für als Affiliate lohnt und macht die Empfehlung glaubwürdiger, wenn Sie beispielsweise einen Testbericht für Ihrem Blog dazu verfassen.

4) Gibt es einen starken Verkaufstext? Würden Sie das Produkt auch kaufen?

Diese Frage sollte mit **JA** beantwortet werden.

Eine starke Verkaufsseite, in Form eines fesselnden Verkaufstextes oder auch eines Video-Sales-Letters, ist elementar wichtig für Ihren Erfolg eines Produktes. Die Verkaufsseite des Verkäufers ist der letzte Checkpoint auf dem Weg eines Interessenten zum zahlenden Kunden. Hier ist Ihre Arbeit, Ihr Einfluss als Vermittler bereits vorbei und alles liegt daran, wie gut es der Merchant schafft, den Interessenten davon zu überzeugen, sein Produkt kaufen zu müssen. Wichtig für Sie als Affiliate ist es, daran zu denken, dass Sie Ihre Vermittlungsarbeit noch so gut sein kann - wenn Ihr Partner (der Merchant) es auf seiner Verkaufsseite anschließend nicht schafft, aus Ihrer super Vorarbeit einen zahlenden Kunden zu machen, dann entsteht kein Geschäft. Kein Geschäft für beide Seiten bedeutet auch, keine Provision für Sie.

Schauen Sie dem Merchant bei der Auswahl eines Produktes also genau die Finger und betrachten Sie das Angebot einmal mit den Augen eines ganz normalen Users. Lesen Sie sich den Verkaufstext von vorne bis hinten durch, beurteilen Sie das Layout der Seite (

ganz subjektiv). Hätte der der Verkäufer Sie damit bekommen? Würden Sie als durchschnittlicher Konsument dieses Produkt kaufen wollen? Oder gibt es vielleicht Punkte, die Sie im letzten Moment noch von einem Kauf abhalten würden? Wenn Sie es schaffen, Ihren normalen „Konsumentenblick“ auf diese Dinge zu richten, dann haben Sie schnell einen sehr guten Indikator dafür, ob die Verkaufsseite zieht und auch andere Menschen überzeugt oder nicht. Suchen Sie sich also unbedingt ein Partnerunternehmen heraus, dass es versteht zu verkaufen und dem Besucher seiner Seiten ausreichend gute Gründe liefert, ein Angebot wahrzunehmen. So ist sichergestellt, dass, wenn Sie gute Arbeit als Affiliate leisten, diese auch auf der Merchant-Seite fortgesetzt wird und am Ende Umsatz für den Verkäufer und Provisionen für Sie auf dem Papier stehen.

5) Liegt die Conversion Rate bei mindestens 3%?

Diese Frage sollte mit **JA** beantwortet werden.

Die Profitabilität eines Partnerprogramms für uns als Affiliates hängt nicht nur von der Höhe der Provision ab, sondern steht und fällt viel mehr mit der Conversion Rate eines Produktes. Die Conversion Rate wird in Prozent gemessen und beschreibt den Anteil von Menschen, die ein Produkt kaufen, an der Gesamtzahl der Menschen, die das entsprechende Angebot gesehen/besucht haben. Je mehr Menschen sich für einen Kauf Entscheiden, desto höher ist die Conversion Rate. Damit ein Partnerprogramm für Sie als Affiliate profitabel ist und Sie Ihre Arbeit, Ihren Traffic nicht unnötig verschwenden, sollte die Conversion Rate bei mindestens 3% liegen. Das bedeutet in absoluten Zahlen, dass von 100 Besuchern im Schnitt mindestens 3 zu zahlenden Kunden werden und kaufen. Eine Kaufrate unter diesen 3 von 100 sollte für Sie einfach zu wenig sein, und deutet darauf hin, dass entweder mit dem Produkt an sich oder der Art und Weise, wie das Produkt auf der Verkaufsseite des Merchants verkauft wird etwas nicht stimmt.

6) Gibt es auffällige Kritik im Netz (Foren, Blogs etc.) zum Anbieter oder einem speziellen Produkt?

Diese Frage sollte mit **NEIN** beantwortet werden.

Produkte, zu denen schon reihenweise negative Kritik oder einfach schlechte Erfahrungsberichte im Internet kursieren, versuche ich in den allermeisten Fällen zu meiden. Nicht weil ich dieses Produkt selbst aufgrund solcher Äußerungen als schlecht einstufen würde, sondern weil ich weiß, dass eben auch andere Internetuser sich schlau machen, bevor sie etwas kaufen und auf eben jene Kritik stoßen werden. Und egal wie bewusst man sich eigentlich darüber ist, dass im Internet immer schneller gemeckert wird, als kundzutun, wie zufrieden man doch mit seinem Kauf ist, werden sich die meisten User solchen negativen Eindrücken bei der Kaufentscheidung nicht entziehen können. Viele Interessenten werden sich, aufgrund überpräsenter negativer Kritik im Netz, gegen einen Kauf entscheiden. Dadurch geht dem Verkäufer eines Produktes Umsatz durch die Lappen und Ihnen als Affiliate Ihre Provisionen, für die Sie die ganze Arbeit gemacht haben. Stellen Sie als Affiliate daher, vor der Bewerbung eines Partnerprogramms, selbst eine kurze Recherche an und stellen sicher, dass eventuelle Erfahrungsberichte das Produkt nicht in schlechtem Licht dastehen lassen.

Eine Ausnahme von dieser Regel mache ich persönlich manchmal, wenn es um die Bewerbung von Produkten großer Partnerunternehmen geht, die im Grunde jeder kennt. Das sind zB.

die großen Telekommunikationsanbieter, bekannte Elektronikmärkte, oder große Bekleidungs-Ketten. Hier ist es kaum vermeidbar, dass es bei vielen Millionen Kunden auch unzufriedene Stimmen gibt, die sich natürlich zurecht öffentlich darüber beschweren. Aufgrund der Größe und Etabliertheit eines solcher Unternehmen, sind die Auswirkungen auf das generelle Vertrauen in die Produkte keinesfalls so tief erschüttert, wie das bei einem kleinen Anbieter der Fall wäre - das allgemeine Image des Unternehmens schlägt einfach einzelne Erfahrungsberichte. Daher kann es trotzdem negativer Kritik im Netz sehr lohnenswert sein, am Partnerprogramm solcher Unternehmen teilzunehmen und deren Produkte zu bewerben.

7) Werden mindestens 50% des Verkaufspreises an Provision gezahlt?

Diese Frage sollte mit **JA** beantwortet werden – allerdings gilt das nur für digitale Produkte.

Digitale Produkte haben den riesen Vorteil, dass sie unbegrenzt reproduziert werden können, ohne dass für den Verkäufer zusätzliche entstehen. Einmal erstellt und anschließend millionenfach elektronisch vervielfältigt, sind digitale Produkte wohl die profitabelsten Produkt-Gattung auf dem gesamten Markt. Durch den Wegfall von klassischen Produktionskosten und die kostenfreie Vervielfältigung, haben Verkäufer von digitalen Produkten eine ungleich höhere Marge, als das ein Händler mit physischer Ware jemals erreichen könnte. Sie werden niemals ein Partnerprogramm eines großen Bekleidungs-Shops finden, welches Sie mit 50% am Umsatz beteiligt – nicht aus Geiz, sondern weil Händlermarge das einfach nicht hergibt. Weil Verkäufer von digitalen Produkten diesbezüglich eindeutig besser aufgestellt sind, sind sie auch in der Lage Ihren Affiliates Provisionen von 50% oder mehr zu zahlen und dabei selbst immer noch einen Gewinn zu machen.

Auf den einschlägigen Affiliate-Plattformen für digitale Produkte, wie https://www.affilicon.net/ oder www.digistore24.com , sind Provisionen von 50% im Grunde genommen Usus und weil Sie als Affiliate den größten Teil der Arbeit im Verkaufsprozess machen, sollten Sie sich dafür auch anständig bezahlen lassen. Von Anbietern. die mir für einen Sale deutlich weniger als die besagten 50% zahlen, nehme ich eigentlich immer Abstand. Eine Ausnahme könnte lediglich die Situation darstellen, dass ein solcher Anbieter der einzige ist, der ein passendes Produkt zu einem Thema anbietet. In der Regel gibt es auf dem Markt aber zu jedem populären Thema mehr als genug Auswahl, um sich einen geeigneten Partner mit guten Provisionen auszusuchen.

8) Ist die Stornoquote niedriger als 20%?

Diese Frage sollte mit **JA** beantwortet werden.

Wo Geschäfte abgeschlossen werden, da gibt es in der Regel auch Stornos. Das bedeutet eben auch, dass die eine oder andere Provision in Ihrem Affiliate-Konto mal storniert werden wird. Alleine schon die Rücksendung von Ware, wenn die Hose doch nicht passt, verursacht eine Stornierung. Das kommt vor und ist überhaupt nicht schlimm, solange es nicht Überhand nimmt. Wichtig für Sie als Affiliate ist aber, bei der Wahl eines Partnerprogramms darauf zu achten, dass die Stornoquote nicht zu hoch ist. 20% Prozent sollten hier das Maximum sein. In diesem Fall würde durchschnittlich 1 von 5 gutgeschriebenen Provisionen storniert und nicht ausgezahlt. Das ist Okay und damit könnte man als Affiliate leben. Deutlich höhere Stornoquoten sind ganz einfach deshalb ein Problem für uns als Affiliates, weil sich unsere Arbeit am Ende nicht mehr rechnet. Wir werden einfach nicht bezahlt für die Besucher, die wir rüberschicken. Viele Stornos können außerdem darauf hindeuten, dass das Partnerunternehmen mit der Stornierung von Affiliate-Provisionen entweder sehr willkürlich umgeht oder aber, dass ein Produkt tatsächlich substanzielle Mängel hat und viele Kunden daraufhin ihr Geld zurückverlangen. So ein Produkt werden Sie wahrscheinlich ungern bewerben wollen. Die Stornoquote ist also ein weiter wichtiger Punkt, auf den Sie achten sollten, wenn Sie die diversen Affiliate-Netzwerke durchstöbern.

9) Wie lang ist die Freigabezeit? Länger als 6 Wochen?

Diese Frage sollte mit **NEIN** beantwortet werden.

Nachdem eine gewisse Aktion zu einer Vergütung geführt hat, dauert es eine gewisse Zeit, bis die verdiente Provision komplett freigeschaltet wird. In den meisten Affiliate Netzwerken werden 2 Kontobereiche angezeigt – zum einen **bestätigte Gelder**, welche zur Auszahlung bereitstehen und **offene Provisionen**, die noch auf die endgültige Freigabe des Partnerunternehmens warten (Stornobefreit). Verständlicherweise muss dem Betreiber eines Partnerprogramms die Möglichkeit eingestanden werden, generierte Umsätze, die mit Provisionen verbunden sind, zu prüfen. Gründe für nicht bestätigte und am Ende stornierte Provisionen können Fake-Nutzerdaten bei Leads sein oder Rücksendungen bei kostenpflichtigen Bestellungen. Da Sie aber auch nicht ewig auf Ihr Geld warten wollen, sollten Sie darauf achten, dass die Freigabezeit eines Partnerprogramms nicht mehr als 6 Wochen beträgt. Je schneller die Bestätigung von offenen Provisionen über die Bühne geht, desto besser für Sie als Affiliate.

10) Wie lang ist die Cookie-Laufzeit? Mindestens 30 Tage?

Diese Frage sollte mit **JA** beantwortet werden.

Die Cookie-Laufzeit beschreibt den Zeitraum, in dem ein Sale oder ein Lead, der durch Ihre Vermittlung entstanden ist, Ihnen auch noch zugeordnet wird. Dass es überhaupt eine solche Laufzeit für Cookie-Dateien gibt ist sehr wichtig, denn nicht jeder Besucher kauft sofort. In den wenigsten Fällen werden Kaufentscheidungen sofort, am selben Tag, in der selben Stunde noch gefällt. Meistens wird sich der geworbene User ein bestimmtes Angebot speichern, um darüber nachzudenken und die Seite später noch einmal besuchen. Damit Ihre Arbeit als Affiliate nun nicht jedes Mal vergebens ist, wenn sich jemand nicht auf der Stelle für einen Kauf entscheiden kann, hat ein Cookie eine Laufzeit während der er gültig ist und Verkäufe und andere Vermittlungen Ihrem Affiliate-Konto gutgeschrieben werden. Für Sie als Affiliate gilt natürlich die Devise „Je länger desto besser". Natürlich kann ein Partnerunternehmen die Gültigkeit seiner Cookies nicht ins Unendliche ausdehnen, da sonst ehrlicherweise keine echte Verbindung mehr zwischen einem Kauf und der Vermittlungsleistung des Affiliates hergestellt werden könnte. Trotzdem sollten Sie darauf achten, dass das Partnerprogramm, mit dem Sie arbeiten, großzügig ist und die Cookie-Dateien 30 Tage oder länger nach Erstkontakt gültig sind und Sie Ihre verdienten Provisionen gutgeschrieben bekommen.

11) Wird das Partnerprogramm über ein Affiliate-Netzwerk abgewickelt, mit ausführlicher Statistik?

Diese Frage sollte mit **JA** beantwortet werden.

Ein Partnerprogramm mit dem Sie arbeiten, sollte unbedingt eine gewisse Transparenz haben, vor allem aber die Möglichkeit geben, die eigene Tätigkeit statistisch zu messen. Wird die Affiliate-

Partnerschaft über eines der großen Affiliate-Netzwerke abgewickelt, so ist eine ordentliche Einsicht in die statistische Auswertung Ihrer Arbeit so gut wie immer gegeben. Ich persönlich werde einen professionellen Partner, wie ein solches Netzwerk, in dem meisten Fällen einem Inhouse Partnerprogramm vorziehen. Das bedeutet natürlich nicht, dass ein Inhouse Partnerprogramm von einem kleinen Unternehmen als unseriös oder schlecht organisiert einzustufen ist. Die Wahrscheinlichkeit auf eine reibungslose und professionelle Abwicklung von Affiliate-Geschäften steigt aber einfach mit der Größe und Professionalisierung auf diesen Bereich deutlich.

12) Bei Inhouse Partnerprogramm: Haben Sie auch hier leichten Zugriff auf wichtige Statistiken wie Klicks, Sales, freigegebene und offene Provisionen und Stornos?

Diese Frage sollte mit **JA** beantwortet werden.

In Anlehnung an Punkt 11, gibt es natürlich einfach Situationen und Themenbereiche, in denen das beste und passendste Partnerprogramm nicht in einem der großen Affiliate-Netzwerke zu finden ist, sondern vom Merchant selbst betrieben wird. Alles kein Problem und eine gute Sache, jedoch sollte auch hier besonders auf einen technisch professionellen und einwandfreien Aufbau geachtet werden. Werden Sie als Affiliate über die wichtigsten Statistiken Ihrer Vermittlungen aufgeklärt? Die Benutzeroberfläche sollte übersichtlich sein und Ihnen schnell Einsicht darin geben, wie viele Klicks Sie generieren konnten, wie viele Sales und Leads letztendlich daraus entstanden sind, sowie Ihnen einen Überblick über offene und bereits bestätigte Provisionen geben. Auch die Stornorate muss hier im Fokus liegen, um im entsprechenden Fall rechtzeitig den Partner wechseln zu können, bevor Sie zu viel Zeit und wertvolle Arbeit in die Vermittlung von Produkten stecken, die Ihnen am Ende doch nicht bezahlt werden.

13) Stellt der Merchant Werbematerialien zur Verfügung?

Diese Frage sollte mit **JA** beantwortet werden.

Bei der Auswahl eines Partnerprogramms ist es zusätzlich wichtig, darauf zu achten, ob und inwiefern der Verkäufer Ihnen als seinem Partner bei der Bewerbung seiner Produkte hilft. Dazu kann ein Verkäufer seinen Affiliates viele unterschiedlichste Werbemittel- und Materialien zur Verfügung stellen, richtig gute Verkaufstipps geben und zeigen welche Werbemittel in welchem Zusammenhang am besten funktionieren. Damit zeigt Ihnen der Unternehmer, dass er sein Affiliate-Geschäft ernst nimmt und ein echtes Interesse am Erfolg seiner Partner hat. Die gängigsten Werbemittel, die von Unternehmen zur Verfügung gestellt werden, sind Banner unterschiedlichster Formate, Werbelinks, welche nur noch kopiert werden müssen, E-Mail-Texte und fertige Artikel. Werbemittel können vielfältig sein und je mehr Ihnen da zur Verfügung steht, desto besser.

14) First Cookie Wins oder Last Cookie Wins?

Diese Frage sollte mit **Last Cookie Wins** beantwortet werden. Die Trackingvariante, bei der der letzte gesetzte Cookie vergütet wird, ist für die Mehrzahl der Affiliates sicher die fairere Variante und hat sich deshalb in den letzten Jahren auch durchgesetzt. Mittlerweile muss man zum Glück nicht mehr so genau hinschauen, ob ein Partnerprogramm nun nach dem First-cookie-Prinzip oder dem Last-Cookie-Prinzip arbeiten. Die allermeisten Affiliate Netzwerke und auch Inhouse Partnerprogramme tracken heute nach

„Last-Cookie-Wins".

Wie werden Verkäufe zugeordnet?

Verkäufe oder Vermittlungen anderer Art werden automatisiert, ohne manuelles Engreifen irgendeiner Partei registriert und einem bestimmten Partner zugeordnet. Einfach erklärt, funktioniert der Ablauf folgendermaßen. Jeder Affiliate **erhält vom Partnerprogramm eine ID**, in manchen Fällen ist das auch ein Username. Mit dieser ID können Sie als Affiliate nun zu jedem Partnerprogramm, für das Sie sich erfolgreich qualifiziert haben, **Ihren persönlichen Affiliate-Link generieren** lassen. Der Affiliate-Link ist eine URL, in der Ihre Affiliate-ID oder Ihr Username eingebaut ist. Ruft ein User nun die Seite Ihres Partnerunternehmens über einen Ihrer Affiliate-Links auf, so registriert das System, durch Auslesen der URL, von welchem Affiliate dieser Interessent stammt und anfallende Provisionen können korrekt zugeordnet werden.

Ein einfacher Affiliate-Link mit Ihrer persönlichen Partner-ID, könnte zum Beispiel so aussehen: www.dating-ebook.net/?ref=ID-02384 . Klickt ein Interessent nun auf diesen Link und kauft das Ebook zum Thema Dating, so weiß der Betreiber des Partnerprogramms sofort, dass die Vermittlung vom Affiliate mit der Nummer 02384 stammt und dieser berechtigt ist, die Provision dafür zu erhalten.

Affiliate-Links müssen jedoch nicht immer nur auf die Startseite eines Unternehmens/Partners führen, sondern können genauso gut auf eine Landingpage oder Produktseite für ein einzelnes Produkt führen. In den meisten Netzwerken und den dort angemeldeten Partnerprogrammen, können Sie sich den richtigen Link für eine bestimmte Zielseite heraussuchen bzw. generieren lassen. Solche Links nennen sich Deep-Links und lassen sich, je nach

Partnerprogramm, auf mehreren Ebenen erstellen, über Kategorieseiten, bis zur hin zur Produktseite eines ganz speziellen Produktes, bei einem Online-Händler. Solche Deep-Links bringen den riesen Vorteil, dass Sie den Lesern Ihrer Website oder Ihres Blogs nicht bloß eine Firma empfehlen können, und den Interessenten dort dann alleine stehen lassen, sondern exakt nur den Artikel, über den Sie in Ihrem Blogartikel zB. gesprochen haben. Die Relevanz Ihrer Empfehlungen für den Besucher auf Ihrer Seite, ist damit ungleich höher und die Absprungrate geringer. Machen Sie also regen Gebraucht von Deep-Links – Sie tuen sich und Ihren „Kunden" einen Gefallen.

Wie genau funktioniert das Tracking?

Der Begriff Tracking bedeutet im Deutschen so viel wie „verfolgen" oder „nachverfolgen". Beim Tracking im Affiliate Marketing, werden Nutzerdaten gesammelt und gespeichert, um anhand dieser anschließend die Herkunft eines Nutzers genau identifizieren und der richtigen Quelle zuordnen zu können.

Cookies

Bei User-Tracking gibt es im Grunde vier Standardverfahren. Diese vier Verfahren sind das Session Tracking, Cookie Tracking, Fingerprint Tracking und Flash Tracking. Das gängigste Verfahren dieser vier, mit welchen auch Sie wahrscheinlich bei den meisten der Partnerprogramme konfrontiert sein werden, ist das Cookie Tracking. Ein Cookie ist eine kleine Textdatei, welche vom Affiliate Netzwerk, bei Interaktion mit einem Ihrer Werbemittel, auf dem Computer des Users gespeichert wird. Bei erneutem Kontakt, können dann die nötigen Tracking-Daten ausgelesen werden. Auf diese Weise kann ein Kaufvorgang auch noch Tage oder Wochen (je nach Cookie-Laufzeit) nach der eigentlichen Vermittlung einem Affiliate eindeutig zugeordnet werden.

Ein Beispiel:

Ein Leser Ihres Blogs ist auf der Suche nach einem neuen Fernseher und klickt auf einen Ihrer Affiliate-Links, um sich bei einem Online-Händler (Ihrem Partner) einen neuen ‚55 Zoll Curved TV' anzuschauen. In diesem Moment wird auf dem Rechner des Users eine Cookie-Datei gespeichert, welche Informationen über die Herkunft dieses Interessenten enthält. Nun ist das Interesse an einem neuen ‚55 Zoll Curved TV' groß. Doch bei einer Anschaffung in diesem Preisrahmen macht man sich doch eher ein bisschen gründlicher schlau, misst vielleicht noch mal im Wohnzimmer nach, liest Testberichte und bespricht das Ganze nochmal mit der Frau. Zu einem Kauf wird es am selben Tag also sicher nicht kommen. Doch 14 Tage später ist die Entscheidung gefallen und unser User besucht erneut die Website des Online-Händlers, auf die wir ihn damals geschickt haben. Dank der gespeicherten Cookie-Datei, auf dem Rechner dieses Interessenten, erfolgt beim Affiliate Netzwerk oder Inhouse Partnerprogramm nun automatisch das Signal, dass dieser User schon einmal da war und damals über Ihren Affiliate-Link vermittelt wurde. Sie sind also wieder im Rennen und sobald der User seinen Kauf endgültig getätigt hat, erhalten Sie Ihre verdiente Provision dafür, dass Sie ihn vor 2 Wochen entscheidend auf das entsprechende Angebot aufmerksam gemacht haben.

Cookie-Laufzeit

Die Cookie-Laufzeit bestimmt, **wie lange** eine Cookie-Datei gültig ist und wie lange damit **eine Vermittlung immer noch eindeutig zugeordnet werden kann.** Die Standard Cookie-Laufzeit liegt bei **30 Tagen.** Das ist in der Regel völlig ausreichend, denn die Zeitspanne zwischen Erstkontakt mit einem Interessenten und Geschäftsabschluss beträgt durchschnittlich 15 Tage. So haben Sie als Affiliate auch bei einem sehr unentschlossenen Kunden noch die Chance, für Ihre Vermittlungsarbeit bezahlt zu werden. Einige Cookies von Partnerprogrammen sind sogar länger als die üblichen 30 Tage gültig. Für Sie als Affiliate ist das eine runde Sache, denn Sie haben so noch größere Chancen, eventuell unentschlossene Kunden vergütet zu bekommen. Wie lange die Laufzeit eines Cookies sein darf und bis wann noch eine nachvollziehbare Verbindung zum Affiliate hergestellt werden kann, das muss dabei jeder Partnerprogrammbetreiber selbst entscheiden. Kritisch zu beäugen ist eine sehr lange Cookie-Laufzeit nur in Verbindung mit dem sogenannten First-Cookie-Tracking. Dazu im übernächsten Abschnitt mehr.

First Cookie Wins vs. Last Cookie Wins

Im Affiliate Marketing gibt es zwei unterschiedliche Wertungen, beim Setzen von Cookies (welche für die Zuordnung von Verkäufen/Vermittlungen unerlässlich sind). Diese beiden Wertungen nennen sich „First Cookie Wins“ und „Last-Cookie-Wins“. Wie man den Bezeichnungen wahrscheinlich schon entnehmen kann, wird bei „First Cookie Wins“ der erste gesetzte Cookie, im Rahmen eines Partnerprogrammes, gewertet. Bei „Last Cookie Wins“ hingegen ist es immer der letzte gesetzte Cookie, auf dem Rechner eines User, der zählt und vergütet wird. So gering dieser Unterschied vielleicht auf den ersten Blick aussehen mag, so verschieden sind die daraus entstehenden Arbeitsumstände für einen Affiliate.

Welche Trackingvariante besser ist, darüber hat man sich lange gestritten und wahrscheinlich hat auch heute noch jedes Lager seine Anhänger. Der Einsatz des First-Cookie-Trackings allerdings, hat in den Augen der meisten, und auch in meinen Augen, deutliche Nachteile und Defizite, was die Fairness bei der Zuordnung von Provisionen angeht. Wenn der erste gesetzte Cookie immer den Vorrang hat, so besteht die Gefahr, dass allzu „gewitzte“ und „vermeintlich fleißige“ Affiliates Ihre Affiliate-Links einfach kreuz und quer im Web verteilen - an jeglichen Stellen, an denen sich potenzielle Interessenten aufhalten könnten. Ich meine damit massenweise **Link-Spamming**, welches keinerlei Mehrwert für den User bietet und auch keine andere Zielsetzung hat, als dass der eigene Affiliate-Link an so vielen Stellen wie möglich einfach **nur einmal geklickt und damit auch der eigene Cookie auf dem Rechner des Users gespeichert** wird. Ist dieser Cookie nun einmal auf dem Rechner eines Users gelandet, bleibt er dort und behält seine Gültigkeit (sofern er nicht manuell gelöscht wird) bis die Cookie-Laufzeit abgelaufen ist. Wie aus dem First-Cookie-Tracking ein Problem, bezüglich einer fairen Zuordnung von Provisionen, entstehen kann, möchte ich mit folgendem kleinen Beispiel einmal deutlich machen.

Cookie-Laufzeit und First-Cookie-Tracking – Risiko

Auch abseits von aggressivem Link-Spamming, ist das First-Cookie-Tracking kritisch zu betrachten, wenn es um die Fairness bei der Zuordnung von Provisionen geht. Nehmen wir als Beispiel mal ein Partnerprogramm, mit einer überdurchschnittlichen langen Cookie-Laufzeit von 60 Tagen und natürlich First-Cookie-Tracking. Auf der einen Seite, bietet Ihnen die sehr lange Gültigkeit des Cookies die Chance, selbst noch länger an Ihren Vermittlungen zu verdienen. Auf der anderen Seite, sind Sie sehr wahrscheinlich auch nicht der einzige, der dieses Partnerprogramm bewirbt. Wenn die Cookies dieses Partnerprogramms nun eine Laufzeit von 60 Tage oder meinetwegen auch weniger haben, und immer der erste gesetzte Cookie zählt, dann kann das für Sie auch bedeuten, dass der Cookie eines anderen Affiliates immer noch Gültigkeit hat, obwohl eigentlich schon so viel Zeit vergangen ist, dass man davon ausgehen kann, dass der Nutzer eigentlich nicht mehr von der Werbeleistung dieses Affiliates beeinflusst wird.

Vor 45 Tagen hat also einer Ihrer Affiliate-Kollegen diesen User, nur einmal kurz, über seinen Link auf die Seite des Partnerunternehmens geleitet, danach ist das Interesse des Users schnell wieder im Sande verlaufen und nichts weiter passiert. Der Cookie des Affiliates ist aber trotzdem gesetzt und 30 oder 60 Tage gültig. Nun, nach rund 1,5 Monaten, stöbert der gleiche User wieder zum selben Thema im Internet und informiert sich auf IHRER Website über ein bestimmtes Produkt **des gleichen Partnerunternehmens.** Er klickt IHREN Affiliate-Link und entscheidet sich aufgrund der Überzeugungsleistung, die Sie auf Ihrer Seite erbracht haben, für den Kauf des Produktes. Wer hat die Provision verdient? Na SIE natürlich, denn SIE haben den User final überzeugt und zum Kunden gemacht. Doch in diesem Fall liegt schon eine Cookie-Datei auf dem Rechner unseres Kunden, von vor 45 Tagen. Diese Datei ist immer noch gültig und der Affiliate-Kollege, der mit dem Kauf überhaupt nichts mehr zu tun hat, erhält trotzdem IHRE Provision auf seinem Konto gutgeschrieben.
Genauso kann es natürlich auch einem anderen Affiliate ergehen, wenn Sie ihm, durch einen schnell gesetzten Cookie, seine wohl verdiente Provision vor der Nase wegschnappen. Deshalb ist das First-cookie-Tracking, im Sinne der Fairness, für alle Beteiligten einfach die schlechtere Wahl.

Und um Sie jetzt auch schnell wieder zu beruhigen: Bei den ganzen Wirrungen und „Risiken“ beim Tracking, kann ich Ihnen mitteilen, dass sich mittlerweile die Variante **„Last Cookie Wins“ im Affiliate Business durchgesetzt** hat und die allermeisten Partnerprogramme nur **noch nach diesem Prinzip abrechnen.** Sie müssen also nicht an jeder Ecke prüfen, nach welchem der beiden Prinzipien getrackt wird und ob auch wirklich der letzte gesetzte Cookie vergütet wird. Zum Verständnis des Geschäfts und der Bedingungen da draußen, sollten Sie sich dennoch über diesen Unterschied bewusst sein und die Frage nach First oder Last Cookie immer mit „Last Cookie“ beantworten können, um die oben beschriebenen Risiken in Ihrem Affiliate Business zu vermeiden.

Aufbau eines Affiliate-Links

Um mit dem Bewerben von Produkte anderer im Internet Geld verdienen zu können, benötigen Sie immer einen Affiliate-Link. Wie sieht so ein Affiliate-Link aber nun eigentlich aus? Wenn wir von Affiliate-Links sprechen, so ist damit eine URL gemeint, welche entsprechende Parameter, in Form von Buchstaben, Zahlen und Zeichnen, enthält, die im System des Partnerprogramms eine klare Zielseite definieren und die Zuordnung einer Vermittlung zu einem ganz bestimmten Partner/Affiliate gewährleistet. Den Aufbau eines Affiliate-Links möchte ich Ihnen am besten an einem Beispiel zeigen. Das spart unnütze Zeilen und ist sicher schneller verstanden, als wenn ich jetzt den Versuch wage, in verschachtelten Sätzen und Fachchinesisch die einzelnen Bausteine eines solchen Links zu erklären.

Zu diesem Zwecke konstruiere ich einmal einen Beispiellink – dieser ist nur exemplarisch und kein echter Link aus irgendeinem Partnerprogramm. Ein Affiliate-Link aus einem Affiliate Netzwerk, könnte also beispielsweise wie folgt aussehen:

http://adsender.webmasterprop.com/clicktrack?=ref=?385fj5694C1kj&site=9339069452&typus=ban&tkp=5

Aus welchen Parametern setzt sich dieser Link nun zusammen?

Affiliate-Links unterschiedlicher Partnerprogramme und Netzwerke sehen zweifelsohne immer ein bisschen anders aus, keiner gleicht in seiner Struktur einem anderen exakt. Ähnlichkeiten sind jedoch Netzwerkübergreifend immer gegeben. Mein Beispiel-Link soll exemplarisch für die meisten Affiliate-Links stehen und einfach klarmachen, welche Elemente in einer solche URL welche Bedeutung haben.

Zuerst ist da der Abschnitt **„adsender."** welcher den Server, über den das Partnerprogramm läuft, definiert. Anschließend folgt die Domain des Partnerunternehmens oder des Affiliate Netzwerkes **„webmasterprop.com".** Nach dem Schrägstrich in unserem Link, folgt nun der Anhang, mit den für das Tracking eigentlich wichtigen Parametern. **„clicktrack?="** definiert die Trackingart – in diesem Fall ist das das Tracking nach Klicks. Daran anschließend wird beschrieben, welchem Affiliate der Link gehört und welchem Konto damit entstehende Provisionen gutgeschrieben werden müssen. Das geschieht durch die Zeichenfolge **„ref=?385fj5694C1kj".** Die Abkürzung *„ref"* steht für das englische Wort *„Referral=Verweis",* an das sich dann Ihre individuelle Partner-ID, bestehend aus Zahlen und/oder Buchstaben, anschließt. Daran anschließend, folgt die Zeichenkombination **„&site=9339JJH06NB9452**". Diese Zahlen- und Buchstabenkombination definiert nun die Zielseite, auf welcher ein User über diesen Link letztendlich landet. Alle Partnerprogramme, welche es erlauben, bestimmte Unterseiten als Einzelprodukte oder auch Produktkategorien zu bewerben, verfügen über einen solchen Parameter. Damit ist sichergestellt, dass Ihr Interessent, zum Werbemittel passend, auf der richtigen Produktseite landet und nicht einfach auf der Startseite des Unternehmens. Last but not Least, wird mit der Zahlen-Zeichen-Kombination **„&typus=ban&tkp=5"** auch noch übermittelt, welche Art und welches Werbemittel es sich beim Einsatz dieses Affiliate-Links genau handelt. **„=ban&tkp"** bedeutet in diesem Fall, dass es sich um ein Banner handelt, welches nach *Tausender Kontakt Preis* (TKP) abgerechnet wird. Die Nummer 5 ganz am Ende, definiert ein bestimmtes Banner, nämlich das mit der internen Nummer 5, falls mehrere zur Wahl stehen.

Puh, das waren jetzt eine Menge kryptischer und halbkryptischer Teilstücke. Nehmen Sie sich ruhig die Zeit diesen Abschnitt mehrfach in Ruhe durchzulesen, um das Prinzip hinter einem solchen Affiliate-Link zu verstehen. So kompliziert, wie es auf den ersten Blick erscheinen mag, ist es in Wahrheit tatsächlich nicht.

In Kürze zusammengefasst, werden folgende Daten über einen Affiliate-Link, in der Form unseres Beispiel-Links, übermittelt:

Server des Partnerprogramms, **Domain** des Netzwerkes oder Unternehmens, die **Trackingart** (Klick, Sale oder Lead), die **ID des Affiliates**, die **Zielseite** des Links und die **Art** und **genaue Bezeichnung des** verwendeten **Werbemittels**.

Verstehen Sie dieses Kapitel aber nicht falsch. Es ist nicht so, dass Sie sich über den Aufbau eines Affiliate-Links tatsächlich jedes Mal Gedanken machen müssten – damit haben Sie eigentlich gar nichts zu tun. Um ein Partnerprogramm zu bewerben, lassen Sie sich dort einfach Ihren Partner-Link generieren oder kopieren ihn sich aus den Werbemitteln heraus und binden ihn auf Ihrer Website ein. Wenn Sie durch dieses Kapitel nun zusätzlich auch noch verstehen, warum ein solcher Affiliate-Link so aufgebaut ist, wie er es ist und was die einzelnen Bestandteile zu bedeuten haben, ist das natürlich umso besser.

Verkaufen im Internet

Nun werden wir wieder ein bisschen praktischer und schauen uns an, was sich im Internet besonders gut verkauft, welche Vor- und Nachteile die unterschiedlichen Produktarten haben und anschließend welche Websitetypen Sie im Affiliate Marketing einsetzen können.

Digitale Produkte vs. Physische Produkte

Wenn man mit Affiliate Marketing beginnt, sieht man sich in den meisten Fällen mit zwei großen Produktgruppen konfrontiert. Geld verdienen kann man sowohl mit dem Bewerben von **physischen Waren**, als auch mit dem **Verkauf von digitalen Produkten.** Physische Produkte sind all das, was wir aus der „Nicht-Internet-Welt“ schon lange kennen, eben alles was wir anfassen können. Digitale Produkte sind Produkte, wie **Ebooks, Videokurse, Audiodateien, Software** oder auch **SaaS-Produkte** (SaaS=Software as a Service), die nur in digitaler Form existieren.

Der Verkauf beider Produktgruppen, ist im Internet absolut normal und eigentlich treten digitale und physische Produkte überhaupt nicht in Konkurrenz miteinander. Für einen Affiliate jedoch haben beide Produktekategorien Merkmale und Eigenschaften, die für die Arbeit als Vermittler und für die Höhe der Einnahmen entscheidende Unterschiede machen können. Schauen wir uns deshalb beide Produktarten einmal genauer an.

Physische Produkte:

Physische Produkte stellen den größten Teil des Gesamtmarktes, auch im Internet. Vom Tesafilm, über Kinderfahrräder und Kaffeemaschinen, bis hin zum 5.000€ Fernseher oder Luxus-Mountainbike, wird hier alles verkauft und kann damit auch als Affiliate beworben werden. Aufgrund der Tatsache, dass bei Herstellung und Versand von physischen Waren Produktionskosten, Materialkosten und Transportkosten anfallen, sind die Margen bei vielen Produkten nur noch gering. Die Provision, die eine Affiliate für die Vermittlung eines Kunden gezahlt wird, liegt dann zwischen 3% und 15% des Verkaufspreises. In den meisten Fällen pendelt sich der Wert hier in der Mitte ein und ein Affiliate erhält rund 10% Provision.

Über Plattformen, wie Amazon, in Verbindung mit dem hauseigenen Partnerprogramm „Partnernet", bietet die Vermittlung von physischen Produkten besondere Chancen. Obwohl die Provisionen bei Amazon im Spitzensatz nur bei 10% liegen und man oft auch nur bei 3%-7% landet, ist das Bewerben von Produkten bei Amazon sehr lukrativ. Der Grund dafür ist, dass die meisten Menschen bereits ein Konto bei Amazon haben und vergleichsweise schnell zum Kaufabschluss kommen, weil Sie der Marke Amazon an sich schon vertrauen. Hinzu kommt die Tatsache, dass Amazon immer den gesamten Warenkorb eines Kunden vergütet und nicht nur das Produkt, welches vom Affiliate beworben wurde. Bewerben Sie also beispielsweise ein Bobbycar, als Geschenk für den nächsten Kindergeburtstag und der Kunde entscheidet sich dafür, auch den Kaffeevollautomaten, den er schon so lange auf seiner" Amazon Wishlist" stehen hat, zu kaufen, dann wird der gesamte Wert des Warenkorbs als Grundlage zur Berechnung Ihrer Provision herangezogen. Für das Bobbycar im Wert von 50€ gibt es dann **2,50€ Provision** und ob wohl Sie niemals einen Kaffeevollautomaten für 700€ beworben haben, erhalten Sie **nochmal 35€ oben drauf.**

Neben manchmal sehr geringen Provisionen, ist der Nachteil beim Bewerben von physischen Waren auch, dass der Lagerbestand eines beworbenen Produktes aufgebraucht werden kann. Wenn das Produkt ausverkauft ist, verläuft Ihr Traffic, den Sie auf die Produktseite schicken, einfach im Sande. Es ist nicht ohne weiteres möglich (zumindest macht es keinen Sinn), immer mehr und mehr zielgerichtete Besucherströme auf eine Produktseite zu schicken, wenn die Ware für den Verkauf nicht in ausreichenden Mengen vorhanden ist. Die Skalierbarkeit des Affiliate-Geschäfts ist in diesem Fall stark eingeschränkt.

Digitale Produkte:

Digitale Produkte liegen von Natur aus nur in digitaler Form, also als Bits & Bytes vor. Diese Tatsache schmälert den Wert solcher Produkte aber in keinster Weise. Ganz im Gegenteil sogar – zumal man die meisten digitalen Produkte nach dem Kauf ja auch selbst in etwas zum Anfassen verwandeln kann, in dem man Sie ausdruckt oder auf einen Datenträger brennt/kopiert. Wie anfangs schon erwähnt, sollen und können digitale Produkte nicht wirklich in Konkurrenz treten mit physischen Waren und es geht auch nicht darum festzulegen, welche Produktgruppe besser ist. Ein Fahrrad oder eine Kaffeemaschine kann man einfach nicht in digitaler Form verkaufen und das wird sich auch die nächsten 300 Jahre nicht verändern – davon gehe ich zumindest sehr stark aus. Vielmehr geht es darum, Ihnen im Rahmen dieses Buches, zu zeigen, dass der Verkauf von digitalen Produkten für den Affiliate, sowie für den

Verkäufer und Kunden einige starke Vorteile mit sich bringen kann.

Mit das Interessanteste für uns als Werbepartner, ist wohl die Höhe der Provisionen, die bei digitalen Produkten gezahlt werden. Die Provision beim Verkauf eines digitalen Produktes liegt in der Regel bei 50%, in manchen Fällen sogar noch darüber, bis zu 75% des Verkaufspreises. Das ist weit mehr, als ein Verkäufer von physischen Waren jemals etwas anbieten könnte. Die Entscheidung zwischen digital und physisch kann für die Einnahmen als Affiliate also einen enormen Unterschied machen. Es macht eben einen Unterschied, ob ich eine DVD mit einem Fitnesskurs für 30€ bewerbe und dafür 1,50€ Provision erhalte oder einen Online-Kurse, zum gleichen Thema und zum gleichen Preis, bei dem 15€ Provision auf meinem Konto landen. Es macht einen Unterschied, ob ich für den Verkauf eines gedruckten Buches, zum Thema „Hundeerziehung", 1,10€ erhalte oder an einem Ebook 13,50€ an Provision verdienen kann. Und es macht einen Unterschied, ob ich für eine auf DVD gepresste Video-Software 5% Provision bekomme oder für die Vermittlung einer Online-Software für Videoschnitt mit 50% vom Verkaufspreis vergütet werde. Bei einem Preis von 99€ stehen hier 4,95€ gegen 49,50€. Welche enormen Differenzen das am Ende des Monats auf Ihrem Affiliate-Konto bedeutet, ist sicherlich nicht mehr allzu schwer vorstellbar.

Neben satten Provisionen für Affiliate, gibt es auch für Kunden und Verkäufer von digitalen Produkten mindestens einen großen Vorteil. Das ist zum Bespiel die Tatsache, dass Produkte dieser Art auf elektronischem Wege ausgeliefert werden. Es fallen keinerlei Versandkosten an, die zusätzlich getragen werden müssten und der Kunde erhält sofort nach Bezahlung Zugang zu seinem Produkt - egal ob mittags um 14 Uhr oder nachts um drei. Für uns als Affiliates besteht auch nicht die Gefahr, dass ein Produkt plötzlich ausverkauft ist und wir es nicht mehr bewerben können. Ein digitales Produkt kann ohne Zusatzkosten hunderte Male oder auch zigtausende Male verkauft werden. Digitale Kopien gehen nicht aus, wenn der Verkäufer sich nicht aktiv dafür entscheidet, den Verkauf einzustellen. Nicht zuletzt sind viele digitale Produkte, die sich für Affiliate Marketing besonders anbieten, sogenannte Ratgeber-Produkt, welche sich mit bestimmten Problemstellungen, in den verschiedensten Nischen beschäftigen und dem Leser eine Lösung anbieten. Warum sich das so gut für den Verkauf eignet, erfahren Sie im nächsten Kapitel.

Ratgeber und Problemlösungen

Die meisten Menschen nutzen das Internet in allererster Linie zur Informationssuche. Sie informieren sich entweder vorab über ein Produkt, in der Absicht es zu kaufen oder sie googlen und surfen, ohne direkte Kaufabsicht, aber in dem Wunsch zu einem bestimmten Thema Informationen zu erhalten. Interessant ist, dass ein Großteil der Suchanfragen, bei denen es im das Finden von bestimmten Informationen geht, Probleme betreffen. Probleme, für die eine Person möglichst schnell eine Lösung finden will. Problemlöser, in Form von digitalen Produkten gibt es zu fast jedem erdenklichen Thema. Themen *wie „Hundewelpen richtig erziehen“*, ***„So schläft dein Baby richtig durch“***, ***„Ex-Freund(in) zurückgewinnen“,*** *„Frauen kenne lernen“* oder ***„Abnehmen nach der Schwangerschaft“,*** sind nur eine Handvoll Beispiele, die Ihnen verdeutlichen sollen, um was es hier geht, auf welcher Ebene wir uns mit solchen Ratgeberprodukten bewegen.

Für jeden, der im Internet verkauft, ob nun direkt als Merchant oder durch das Bewerben fremder Produkte, ist es wichtig zu wissen, dass es zwei Absichten in uns Menschen gibt, die uns antreiben. Die erste Absicht ist der Wunsch **Glück/Freude zu empfinden** und dafür tun die Menschen, was nötig ist. Auf der anderen Seite steht der Wunsch **Schmerz oder Leid zu vermeiden** oder loszuwerden. Das sind die beiden Pole, die unsere Entscheidungen beeinflussen – Glück erfahren gegen Leid verhindern. Doch beide Pole sind nicht gleich stark. Der Minus-Pol, also der Wille „Schmerz und Leid" in irgendeiner Art und Weise zu vermeiden, trägt eine ungleich größere Kraft in sich, Entscheidungen auszulösen, als das bloße Verlangen etwas Schönes zu erleben.

Je höher der Leidensdruck bei einer Person ist, desto größer ist auch die Bereitschaft etwas zu tun und in unserem Fall Geld auszugeben, um dieses Leiden zu lindern. Es ist also einfacher einer frisch getrennten Person etwas zu verkaufen, das verspricht Liebeskummer zu vertreiben und den Ex-Partner wiederzubekommen, als einem glücklichen Paar eine Anleitung, wie Sie ihre Beziehung noch glücklicher machen können. Sicherlich würde sich beides verkaufen. Produkt 1 aber ungleich leichter, weil der Kunde ein Problem hat, welches einen Leidensdruck verursacht. Ein glückliches Paar ist mit Sicherheit auch daran interessiert, noch mehr aus seiner Beziehung herauszuholen, noch ein Stückchen glücklicher zu werden, aber es eilt eben nicht. So wie es jetzt ist, ist es ja auch schön und eine Veränderung, bei der unser Produkt helfen könnte, ist einfach nicht dringend notwendig.

Diese Tatsache ist ideal, für den Verkauf von Ratgeber-Produkten im Internet. Solche Produkte bieten dem Kunden die Lösung für ein bestimmtes Problem, in Form eines Ebooks oder multimedialen Videokurses. Ratgeber oder Problemlöser-Produkte gibt es zu unendlich vielen Themen. Themen, an die Sie vielleicht gar nie denken würden. Doch für andere Menschen ist genau so ein Thema gerade wichtig und bedarf einer schnellen Lösung. Wenn Sie als Affiliate zu Themen schreiben, bei denen Emotionen im Spiel sind und der Wunsch nach einer Lösung immer mitschwingt, dann ist das Bewerben von **Ratgebern in Form von digitalen Produkten** die **ideale Möglichkeit, mit der eigenen Website gutes Geld zu verdienen.** Mit keiner anderen Produktgruppe werden Sie hier bessere Conversions und mehr Verkäufe erreichen.

Märkte mit hoher Nachfrage und Verkaufspotenzial

Im Internet, wie in der Offline-Welt, gibt es hunderte Märkte und Submärkte, auf denen entweder Milliarden oder auch nur ein paar hunderttausend Euro umgesetzt werden. Beim Aufbau eines eigenen Affiliate Business, geht es oft ganz schnell, dass man sich in der Suche nach der perfekten Nische verläuft. Dieses eine Thema, mit großem Umsatzpotenzial und null Konkurrenz. Ich kann Ihnen sagen: So etwas heute noch zu finden, ohne dass es sich um einen Trendmarkt handelt, ist wirklich sehr schwer. Ich sage nicht unmöglich, aber schwer. Sicherlich ist es von Vorteil die eigene Website auf ein Nischenthema zu beschränken und nicht heute über „den besten Zeitpunkt für den ersten Kuss" zu schreiben und morgen darüber, wie man „am besten ein Wespennest im Garten entfernt". Für die Suche nach der richtigen Nische, sollten Sie sich jedoch Zeit nehmen, gut recherchieren, Konkurrenz und Umsatzpotenzial abschätzen und dann erst mit dem Aufbau beginnen. Da ich weiß, dass der Auswahl-Prozess an sich und die Geduld am Anfang einer Affiliate-Marketing-Karriere ein Problem darstellen kann, möchte Ihnen zeigen, wie Sie sich den Start etwas einfacher machen können.

Neben den spezialisierten Nischenmärkten, gibt es die berühmten Money-Märkte. Zu diesen gehören die Bereiche **„Fitness und Abnehmen“, „Ernährung und Gesundheit“, „Beziehungen und Dating“, „Geld und Finanzen“** (darunter fallen Themen wie *„Geld verdienen, Versicherungen, Geldanlage, Börsenhandel usw.“).* In diesen Märkten wird wirklich zu jeder Zeit ein Haufen Geld verdient, einfach, weil es eine nahezu unerschöpfliche Nachfrage zu diesen Themen gibt. Der Nachteil dieser Märkte ist, wie man sich denken kann, dass sie wenig spezialisiert sind und vor allem die Konkurrenz auf dem Platz extrem hoch ist. Dadurch kann es schnell sehr teuer und schwierig werden, mit einer Nischen-Website, mittels Content Marketing und SEO-Maßnahmen, zu den wichtigen Keywords auf den vorderen Plätzen bei Google zu landen.

Bloggen als Schnell-Start

Wenn Sie schon Fortschritte und erste Einnahmen sehen wollen, bevor Sie es vollends beherrschen, gezielt Nischen mit Ihren Websites zu besetzen, dann empfehle ich Ihnen einfach ein Blog in einem der großen Geld-Märkte zu starten. Für den Aufbau eines solchen Blogs, bedarf es weitaus weniger geplanter Schritte, als für die Erstellung einer, auf bestimmte Nischen-Keywords optimierten, Affiliate-Nischenseite. Sicherlich gibt es schon zig tausend andere Blogs zum Thema „Abnehmen“ „Ernährung“ oder „Geld und Finanzen“, doch die Märkte sind so riesig, dass auch neue Blogs, bei regelmäßiger Veröffentlichung von Beiträgen, schnell Besucher generieren. Registrieren Sie sich einfach eine Domain wie www.der-abnehm-blog.de und installieren Sie WordPress. Anschließend installieren Sie ein kostenloses Blog-Theme auf Ihrer Seite und beginnen erste Beiträge zum Thema schreiben. Wenn Sie darauf achten, regelmäßig eine Beitragslänge von 350-500 Wörtern zu erreichen, wird Google Ihre Texte sehr schnell indexieren und über die Suchmaschine auffindbar machen. Wählen Sie ein oder zwei Keywords aus, an denen Sie Ihren Artikel ausrichten möchten und bauen diese in Titel und Text Ihres Beitrages ein. Das ist alles, was wir hier für die Suchmaschinenoptimierung unserer Inhalte tun.

Meine Erfahrung hat gezeigt, dass man auf diese Weise **sehr schnell zu diversen Long-Tail-Keywords rankt,** die man selbst gar nicht auf dem Schirm hatte und von dort **Besucher generiert.** Wenn **jeder Beitrag im Durschnitt 40 Besucher** im Monat anzieht (das ist nur etwas mehr als einer am Tag) dann landet man mit 50 Blogartikeln auch schnell bei **2000 Besuchern im Monat.** Wenn Sie Artikel mit interessanten Affiliate-Angeboten gespickt haben, können Sie davon ausgehen, dass einige Besucher diese auch annehmen werden und Sie bald Ihre Affiliate-Provisionen kassieren. Der große Vorteil an Blogs dieser Art ist eigentlich, dass sich selbst in kaltem und nicht zielgerichtetem Traffic immer Menschen finden werden, für die Ihr Angebot interessant ist, einfach, weil Ihr Blog ein sehr breites Interessengebiet abdeckt. Irgendjemand kauft IMMER! So ist das tatsächlich. Das hört sich sicher ein bisschen einfach an und soll keinesfalls die Arbeit ersetzen, eine spezialisierte, inhaltlich relevante Contentseite zu einem Thema zu erstellen, dennoch kann es, gerade für Einsteiger, **die Hürde zu starten stark senken.** Die Aufgaben, die mit einem Blog auf Sie warten, sind **Thema wählen** (einer der großen Geld-Märkte) **Blog installieren, drauf los schreiben** und **Partnerprogramme einbinden** – mehr nicht. Der anschließende Ausbau eines solchen Blogs zu einer professionellen Themenseite, steht Ihnen weiterhin immer offen.

Website-Typen für Affiliate Marketing

Content Website

Content Websites sind die ursprüngliche Basis des Affiliate Marketings. Wörtlich gesehen, könnte man jede Seite als Content Website bezeichnen, die Inhalte zu irgendeinem Thema bereitstellt. Dennoch haben Websites, wie Blogs, klassische Firmenwebsites und Landing Pages einen sehr unterschiedlichen Fokus. Inhalt bieten natürlich alle diese Seitenarten, sonst wäre eine Seite ja schlichtweg nicht existent. Die Seiten, die wir hier als Content Websites bezeichnen, sind aber Seiten, die Inhalte, Informationen zu einem ganz speziellen Thema oder einem Unterthema, einer sogenannten Nische, bereitstellen. Der Gedanke der Monetarisierung steht bei diesem Website-Modell in der Regel sehr viel früher und stärker im Vordergrund, als das bei einem klassischen Blog der Fall ist.

Diese themenrelevanten Inhalte werden dann versucht, durch das Bewerben von passenden Affiliate-Angeboten, zu monetarisieren. Das muss nicht immer nur passiv durch Bannerplatzierungen geschehen, sondern passiert im besten Fall auch durch eine detaillierte Kaufberatung, in Form eines Artikels über ein bestimmtes Produkt. Um die eigene Seite nun an den Mann und die Frau zu bringen, wird bei einer klassischen Themenseite häufig gezielt versucht, über Maßnahmen zur Suchmaschinenoptimierung, bestmögliche Platzierungen in den organischen Suchergebnissen von Google und Co. zu erreichen, und auf diese Weise kostenlosen Traffic zu generieren. Aufgrund der Optimierung von Inhalten auf bestimmte Keywords/Suchwörter, ist der Traffic, den eine solche Seite dem Merchant liefert, extrem zielgerichtet und guter Boden für den Verkauf von Produkten und die Vermittlung anderer Angebote.

Um sich ein besseres Bild machen zu können, hier einmal **zwei Seiten der Gattung „Content Website“:**

https://cluburlaubdeals.de/
http://gamingpctest.de/

Beim Thema „Content Websites“, kann es zwei unterschiedliche Herangehensweisen geben. Entweder geht es darum, eine bereits bestehende Seite zu monetarisieren oder das Ziel ist es, eine solche Themenseite **extra zu dem Zweck** aufzubauen, anschließend damit Geld zu verdienen.

Ausgehend von einer Seite, die bereits besteht, mit guten Inhalten gefüllt ist und hohe Besucherzahlen aufweisen kann, muss nur noch eines passieren, nämlich ein passendes Partnerprogramm gefunden und Werbemittel sinnvoll integriert werden. Das kann durch den Einsatz von klassischen Bannern in der Sidebar, durch Textlinks in redaktionellen Artikeln oder einer schicken Vergleichstabelle mit Bild und Text geschehen.

Geht es nun um eine Website, die direkt zum Zwecke des Geld Verdienens aufgebaut werden soll, empfiehlt es sich das Pferd von hinten aufzuzäumen. Für den Aufbau einer solchen Seite ist zuerst einmal eine gründliche **Recherche der Nische, mit samt den wichtigen Keywords**, sowie eine Analyse der Konkurrenz, Grundvoraussetzung. Hat man nun ein vielversprechendes Nischenthema gefunden, dann geht es an die **Erstellung von qualitativ hochwertigen** und relevanten **Inhalten**. Sofern man selbst firm in der Thematik der Website ist, kann man die Erstellung der Inhalte, das Schreiben von Texten natürlich selbst übernehmen.

Ist das nicht der Fall, gibt es im Internet sehr einfach die Möglichkeit, die Erstellung von Texten an Freelancer abzugeben (Outsourcing) und diese anschließend selbst nur noch in die eigene Seite einzupflegen. Mit nach SEO-Richtlinien gut optimierten Inhalten, lassen sich dann in der Regel auch auf Dauer gute Rankings bei Google erzielen. Sobald die Seite mit ausreichend Content gefüllt ist und die ersten Rankins bei Google eintrudeln, macht man sich auch hier auf die Suche nach einem passenden Partnerprogramm. Dann heißt es, wie eben schon beschrieben, **„Werbemittel integrieren"** und das Geld verdienen kann auch hier losgehen.

Da Content Websites, wie erwähnt, in der Regel sehr zielgerichteten Traffic und damit qualitativ hochwertige Besucher anziehen, welche sie auf Partnerseiten weiterleiten können, sind sie bei Partnerprogrammbetreibern gern gesehen. Der Verkäufer kann davon ausgehen, dass Ihre Besucher wirkliche Interessenten sind und ihm eine viel höhere Kaufrate bescheren, als völlig kalte und gemischte Besucherströme. Ein gutes Geschäft für den Merchant bedeutet auch, gute Einnahmen für Sie als Affiliate.

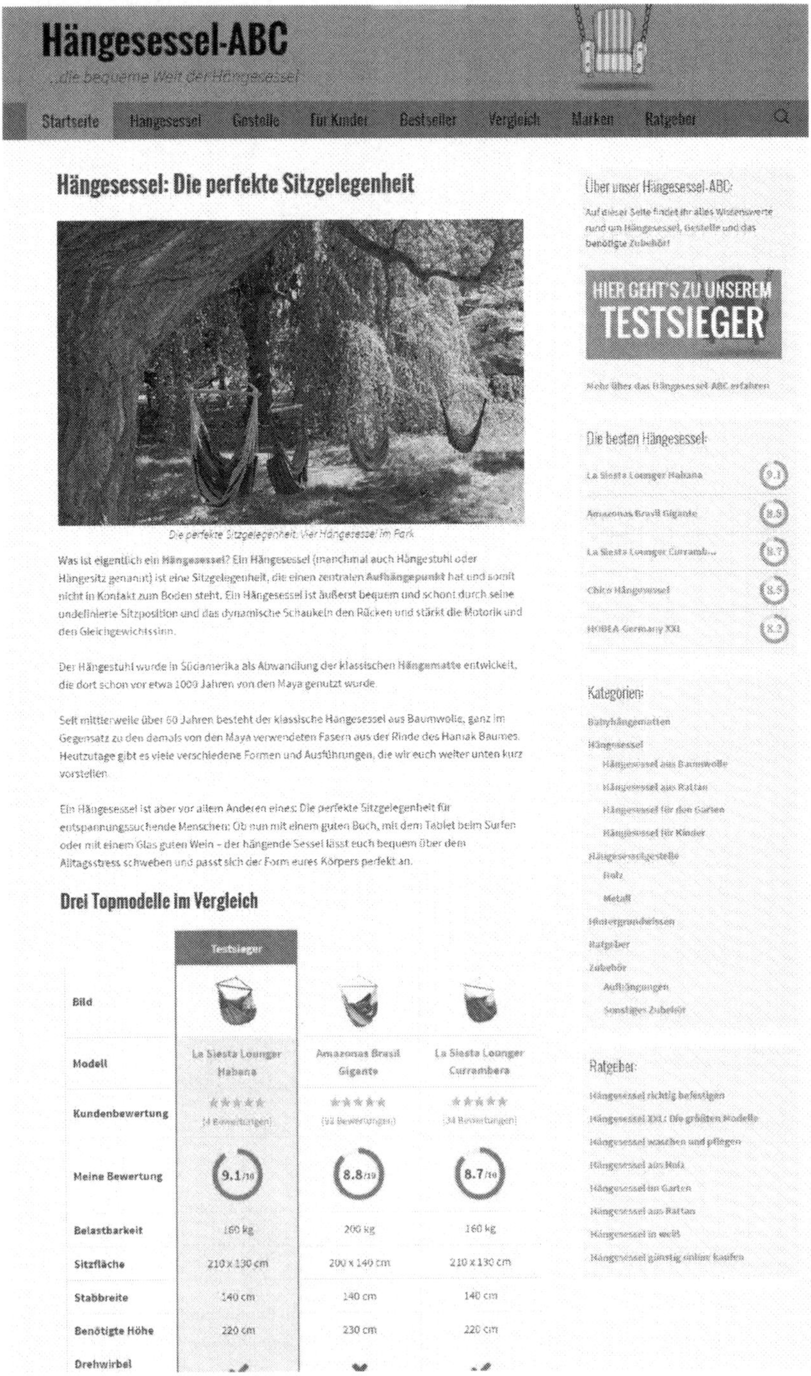

Hängesessel-ABC

...die bequeme Welt der Hängesessel

Startseite | Hängesessel | Gestelle | Für Kinder | Bestseller | Vergleich | Marken | Ratgeber

Hängesessel: Die perfekte Sitzgelegenheit

Die perfekte Sitzgelegenheit: Vier Hängesessel im Park

Was ist eigentlich ein **Hängesessel**? Ein Hängesessel (manchmal auch Hängestuhl oder Hängesitz genannt) ist eine Sitzgelegenheit, die einen zentralen **Aufhängepunkt** hat und somit nicht in Kontakt zum Boden steht. Ein Hängesessel ist äußerst bequem und schont durch seine undefinierte Sitzposition und das dynamische Schaukeln den Rücken und stärkt die Motorik und den Gleichgewichtssinn.

Der Hängestuhl wurde in Südamerika als Abwandlung der klassischen **Hängematte** entwickelt, die dort schon vor etwa 1000 Jahren von den Maya genutzt wurde.

Seit mittlerweile über 60 Jahren besteht der klassische Hängesessel aus Baumwolle, ganz im Gegensatz zu den damals von den Maya verwendeten Fasern aus der Rinde des Hamak Baumes. Heutzutage gibt es viele verschiedene Formen und Ausführungen, die wir euch weiter unten kurz vorstellen.

Ein Hängesessel ist aber vor allem Anderen eines: Die perfekte Sitzgelegenheit für entspannungssuchende Menschen: Ob nun mit einem guten Buch, mit dem Tablet beim Surfen oder mit einem Glas guten Wein – der hängende Sessel lässt euch bequem über dem Alltagsstress schweben und passt sich der Form eures Körpers perfekt an.

Drei Topmodelle im Vergleich

	Testsieger		
Bild			
Modell	La Siesta Lounger Habana	Amazonas Brasil Gigante	La Siesta Lounger Currambera
Kundenbewertung	★★★★★ (4 Bewertungen)	★★★★★ (93 Bewertungen)	★★★★★ (34 Bewertungen)
Meine Bewertung	9.1/10	8.8/10	8.7/10
Belastbarkeit	160 kg	200 kg	160 kg
Sitzfläche	210 x 130 cm	200 x 140 cm	210 x 130 cm
Stabbreite	140 cm	140 cm	140 cm
Benötigte Höhe	220 cm	230 cm	220 cm
Drehwirbel	✓	✗	✓

Über unser Hängesessel-ABC:

Auf dieser Seite findet ihr alles Wissenswerte rund um Hängesessel, Gestelle und das benötigte Zubehör!

HIER GEHT'S ZU UNSEREM TESTSIEGER

Mehr über das Hängesessel ABC erfahren

Die besten Hängesessel:

- La Siesta Lounger Habana 9.1
- Amazonas Brasil Gigante 8.8
- La Siesta Lounger Curramb... 8.7
- Chico Hängesessel 8.5
- HOBEA-Germany XXL 8.2

Kategorien:

- Babyhängematten
- Hängesessel
  - Hängesessel aus Baumwolle
  - Hängesessel aus Rattan
  - Hängesessel für den Garten
  - Hängesessel für Kinder
- Hängesesselgestelle
  - Holz
  - Metall
- Hintergrundwissen
- Ratgeber
- Zubehör
  - Aufhängungen
  - Sonstiges Zubehör

Ratgeber:

- Hängesessel richtig befestigen
- Hängesessel XXL: Die größten Modelle
- Hängesessel waschen und pflegen
- Hängesessel aus Holz
- Hängesessel im Garten
- Hängesessel aus Rattan
- Hängesessel in weiß
- Hängesessel günstig online kaufen

Blog

Ein Blog ist eine auf aktuelle Inhalte fokussierte Website. Inhalte werden in Form von Beiträgen oder Artikel veröffentlicht, welche dann in einer Art Newsfeed auf der Startseite angezeigt werden. Die Blogartikel sind dort in chronologischer Reihenfolge angeordnet, wobei der aktuellste Beitrag immer ganz oben angezeigt wird. Thematisch sind die meisten Blogs weiter gefasst, als eine Content- oder Nischenseite, wie zuvor besprochen. Layout-technisch besteht ein Blog in der Regel aus 2 Teilen. Der Linke Teil der Seite, welcher gut 2/3 des Platzes einnimmt, ist der **Content-Bereich**, in dem der Newsfeed und der **Inhalt der Blogartikel** angezeigt wird. Auf der rechten Seite (manchmal auch links) befindet sich die **Sidebar**, welche für die Einblendung **sekundärer Inhalte,** wie Werbebanner + Affiliate-Links, Widgets für die neusten Artikel, individuelle Menüs oder Newsletter-Formulare, genutzt werden kann. Inhaltlich lebt so ein Blog ganz klar von der Aktualität und regelmäßigen Veröffentlichung neuer Inhalte, wobei die einzelnen Beiträge nicht immer in der Weise perfekt ausgearbeitet und strukturiert sein müssen, wie das auf einer eher statischen Content Website der Fall ist. Zum Charakter eines Blogs oder des Bloggens an sich gehört es auch, Beiträge **in Kategorien einzuteilen** und zu verschlagworten. Das sorgt für Übersichtlichkeit und der Einsatz von Schlagworten für eine gute Verknüpfung der einzelnen Blogartikel untereinander. Das fördert das Querlesen durch die unterschiedlichen Inhalte und erhöht die Verweildauer des Besuchers. Denn auch auf einem Blog ist es nicht zuletzt ein wichtiges Ziel, den Besucher so lange wie möglich auf der eigenen Seite zu halten, um ihn anschließend zu einem passenden Affiliate-Angebot weiterleiten zu können.

Für alle, die sich dafür entscheiden, mit einem Blog zu starten, gibt es die gute Nachricht, dass sich dieser, bei Bedarf, auch schnell zu einer kompletten Content Website umbauen lässt. Die Grenzen sind hier fast schon fließend. Bei einem Umbau dieser Art, baut man die Inhalte auf statischen Seiten quasi einfach um die bestehende Blogfunktion herum, sodass nachher aus einem reinen Blog eine Content Website, mit integrierter Blogfunktion, wird. Das eine oder andere Mal wird für eine solche Aktion ein Theme-Wechsel von Nöten sein, aber auch das ist bei WordPress mit wenigen Klicks erledigt. Ein Blog ist meiner Meinung nach für Anfänger im Affiliate Marketing eine sehr gute Wahl, um die ersten Gehversuche zu machen, da er inhaltlich und strukturell einfacher gestrickt ist, als eine richtige Content Website, mit deren Inhalten man am Ende zu ganz speziellen Keywords ranken möchte.

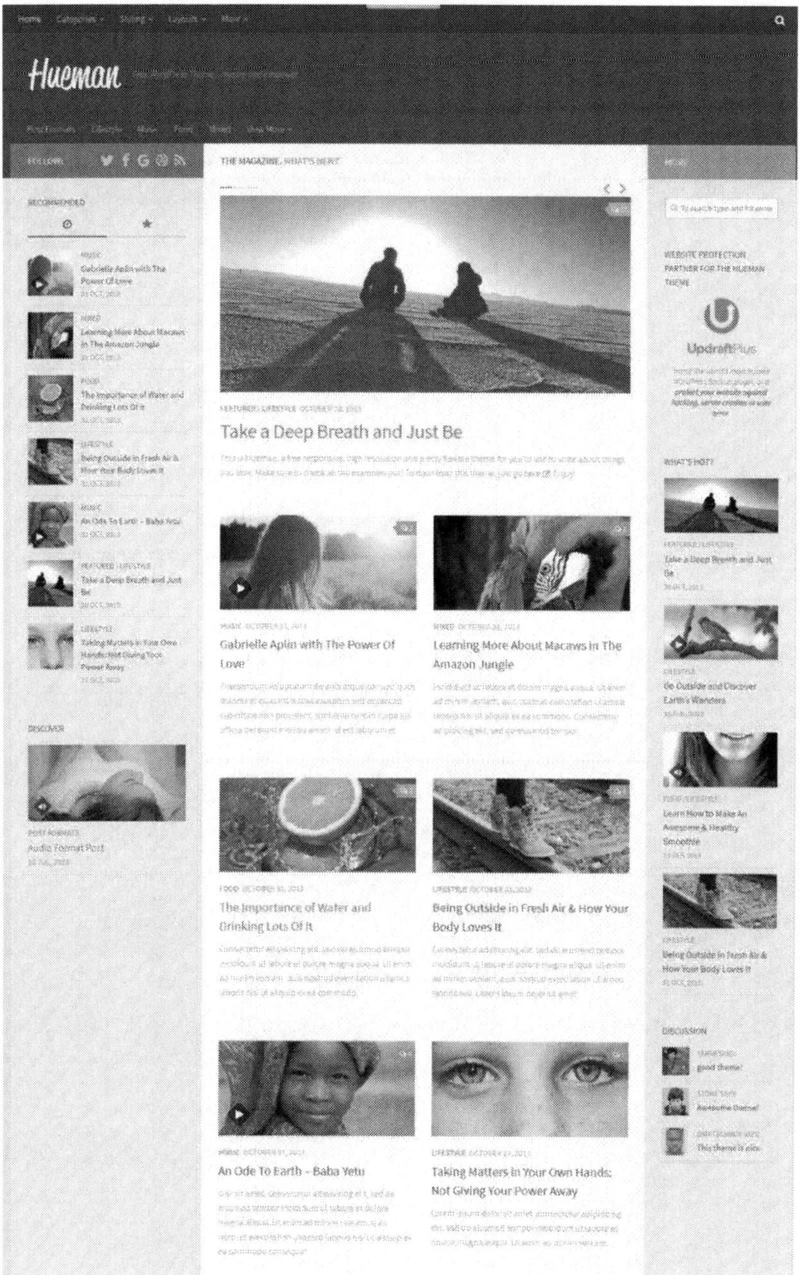
Hueman
Take a Deep Breath and Just Be
Gabrielle Aplin with The Power Of Love
Learning More About Macaws in The Amazon Jungle
The Importance of Water and Drinking Lots Of It
Being Outside in Fresh Air & How Your Body Loves It
An Ode To Earth – Baba Yetu
Taking Matters In Your Own Hands: Not Giving Your Power Away
UpdraftPlus

Lead Page

Eine Landing Page ist eine Webseite, welche den Zweck hat, dem Besucher EIN spezielles Angebot zu präsentieren. Die Landing Page an sich, lässt sich dabei in zwei verschiedene Typen unterteilen. Das ist zum einen die klassische Sales Page und die Lead Page, von der hier die Rede sein wird.

Im Gegensatz zu einer Sales Page (Verkaufsseite), ist das Ziel einer Lead Page nicht der direkte Verkauf, sondern primär das Einsammeln von Interessenten zu einem speziellen Thema/einem Angebot. Dieses Sammeln von Interessenten geschieht in der Regel über die Eintragung der Besucher in eine E-Mail-Liste. Der Anreiz für den User, sich mit seiner E-Mail in eine Liste einzutragen, ist meistens ein **kostenloses Angebot, ein sogenanntes Freebie**, auf welches er direkt nach Eintragung Zugriff erhält. Ein solches Freebie kann ein kostenloses Ebook sein, ein Video-Tutorial oder auch eine exklusive E-Mail-Serie. Da der Fokus einer Lead Page voll und ganz auf der Absicht liegt, den Besucher dazu zu bewegen, seine Kontaktdaten zu hinterlassen, ist sie inhaltlich stark reduziert. Auch was das Design angeht, beschränkt man sich hier auf das Nötigste. Menüleiste, Sidebars und Footer-Inhalte werden ausgeblendet, um das Risiko, den Besucher irgendwie vom eigentlichen Ziel der Seite abzulenken, zu minimieren.

Eingetragene E-Mail-Adressen werden **in einer Liste/einem Verteiler gesammelt,** über dann im Anschluss an die Eintragung, in regelmäßigen Abständen, sogenannte **Follow-Up-E-Mails versendet** werden können. Diese Mails sind idealerweise eine Mischung aus relevanten und vor allem hilfreichen Informationen zum Thema der Lead Page und geschickt eingestreuten Affiliate-Angeboten. Der Verkauf von digitalen Produkten oder digitalen

Dienstleistungen eignet sich in diesem Bereich hervorragend, um hohe Einnahmen als Affiliate erreichen zu können. Die eigentliche Arbeit des Affiliate, also das Bewerben von Produkten dritter, findet hinter den Kulissen der Lead Page statt. Die Ausgestaltung der automatisch ausgespielten E-Mail-Serie ist von Entscheidender Bedeutung für den Erfolg, bei der Vermittlung von Angeboten, für die es dann Provisionen gibt.

Aber auch der Aufbau der Lead Page selbst, die ja dem E-Mail-Marketing-Prozess vorgeschaltet ist, ist von ebenso zentraler Bedeutung. Hier werden die Interessenten für ein Thema eingesammelt, ohne die es gar keine E-Mail-Kampagne gäbe. Wer es hier schafft, die Aufmerksamkeit und das Interesse des Users einzufangen und ihn dazu zu bewegen, seine E-Mail-Adresse zu hinterlassen, der erschafft sich, in Verbindung mit einer guten E-Mail-Kampagne, regelrecht eine Geldmaschine, welche vollautomatisiert Einnahmen generieren kann. Affiliate Marketing, via Lead Pages und E-Mail Marketing, ist ein extrem umfangreiches und sehr interessantes Thema für sich, dem man im Rahmen eines Kapitels in diesem Buch sicher nicht gerecht werden kann. Für alle Affiliate-Marketing-Begeisterten, wird es daher von meiner Seite aus in Zukunft eine Veröffentlichung geben, die sich nur diesem Thema widmet.

The Ultimate Guide To
LANDING
PAGE
OPTIMIZATION
JANE DOE
Free Chapter: Ultimate Guide to Landing Page Optimization
A fully updated guide to make your landing pages profitable:
Surprising case studies:
Tips, Tricks & Tools:
Easy to follow along:
Read the first chapter for FREE:
GET THE FREE CHAPTER
What People Are Saying
ut nunc elit duiusnom inceptus.
Shane Melaugh,
Anna Smith,
CEO
facebook
HubSpot
Microsoft
LinkedIn
CITADEL

Affiliate-Links maskieren

Affiliate-Links maskieren – was soll das bedeuten? Fangen wir am besten einmal mit einer Feststellung an.

Wie das Beispiel im vorigen Kapitel gezeigt hat, ist das Problem von Affiliate-Links, dass die URL in der Regel lang ist und aus einer kryptischen Zahlen-, Zeichen und Buchstabenkombinationen besteht. Ein solcher Link sieht nicht schön aus und wirkt auf den normalen Internet-User sicherlich nicht sehr einladend (klick-fördernd). Teilweise werden Besucher regelrecht abgeschreckt, weil sie einfach nicht verstehen, wo dieser ellenlange Link, mit den vielen komischen Zeichen, sie hinführt. Das Ziel eines Affiliate-Links ist oft überhaupt nicht zu erkennen. Schauen wir uns noch einmal unseren Beispiel-Affiliate-Link aus dem vorigen Kapitel an.

http://adsender.webmasterprop.com/clicktrack?=ref=?385fj5694C1kj&site=9339069452&typus=ban&tkp=5

Könnten Sie sagen, was Sie beim Anklicken dieses Links erwartet? Bestimmt nicht. Und den Besuchern Ihrer Website oder Ihres Blogs, geht es genauso. Im Sinne der Benutzerfreundlichkeit einer Seite, ist so etwas natürlich nicht das Gelbe vom Ei und wird die Bereitschaft auf einen Link zu klicken sicher nicht fördern. Doch genau das ist es, was wir als Affiliates brauchen – Menschen die unsere Links auch anklicken. Abhilfe für dieses Problem verspricht die sogenannte **Maskierung** oder das **Verstecken kryptischer Affiliate-Links.** Um eine solche Maskierung umzusetzen, gibt es mehrere Möglichkeiten, auf die ich gleich näher eingehen werde. Mit maskierten Affiliate-Links lassen sich in jedem Fall deutlich höhere Klickraten erzielen, was die Chance auf mehr Umsatz erhöht.

Neben einer geringen Klickrate der eigenen Links, besteht ein weiteres Risiko von „unbehandelten" Affiliate-Links darin, dass gewisse Nutzer wissen, wie ein Affiliate-Link aussieht und Ihnen als Vermittler die Provision entweder nicht gönnen oder vermuten, selbst einen Nachteil durch den Kauf über einen solchen Link zu haben. Dass ein Kunde irgendeinen Nachteil durch den Kauf über einen Affiliate-Link hat, ist natürlich niemals der Fall. Ein Produkt, welches über einen Affiliate-Link beworben und gekauft wird, kostet exakt genauso viel, wie wenn es über einen normalen Link gekauft wird. Dennoch gibt es diese skeptischen oder auch missgünstigen User im Internet. Bei einem einfachen Affiliate-Link, wie diesem www.dating-ebook.net/?ref=ID-02384, bei dem keine kryptische Zeichenfolge hinter dem Schrägstrich steht, sondern lediglich Ihr Affiliate-Username oder Ihre Affiliate-ID, könnte sich ein solcher User nun einfach anschauen, welche Seite hinter einer Verlinkung steckt, dann einfach Ihre Affiliate-ID hinter dem Schrägstrich entfernen oder die Seite des Merchants händisch aufrufen. Damit kann dann keinerlei Verbindung mehr zwischen einer Bestellung und Ihnen als Vermittler hergestellt werden und Sie wurden um Ihre eigentlich verdiente Provision gebracht. Die Maskierung von Affiliate-Links verschönert diese als nicht nur, im Sinne einer höheren Klickrate, sondern hilft auch den gerade beschriebenen Gefahren entgegenzuwirken und den Verlust von Einnahmen eindämmen.

Insgesamt sind 3 Wege zur Maskierung von Links im Internet als gängig zu betrachten. Das ist zu Einen die Maskierung über sogenannte **PHP-Extensions**, über **Plugins** oder die Verwendung von **Link-Kürzungs-Diensten.**

Serverseitige Umleitung mit PHP-Extensions

Mit diesem Vorgehen, maskieren wir unsere Links, indem wir unsere Besucher über kleine PHP-Dateien auf unserem eigenen Server zum Affiliate-Link umleiten. Klickt ein User einen Link auf Ihrer Website, wird im Hintergrund eine PHP-Datei aufgerufen und ausgelesen, welche ihn im selben Moment, über ihren hinterlegten Affiliate-Link, auf die Angebotsseite des Verkäufers weiterleitet. Alle wichtigen Parameter im Affiliate-Link bleiben erhalten und Sie erhalten zuverlässig Ihre verdiente Provision. Aber nun geht's los und ich zeige Ihnen, wie Sie sich eine solche Umleitung selbst in wenigen Minuten anlegen können.

Zu allererst rufen Sie dazu das **Root-Verzeichnis** Ihrer Website auf und erstellen dort einen **neuen Ordner.** Für unser Beispiel nennen wir diesen Ordner einfach mal „tipp". Öffnen Sie den neuen Ordner nun und erstellen Sie auch hier ein weiteres **neues Verzeichnis,** diesmal mit dem Namen des Produktes oder Angebotes, das Sie bewerben möchten. Wir nennen dieses Verzeichnis hier einfach mal „laptop-bundle". Nun geht es an die Erstellung unsere PHP-Erweiterung. Öffnen Sie dazu einfach ein leeres Dokument in einem Editor wie Notepad++ oder Dreamweaver von Adobe und **speichern** Sie die leere Datei erst einmal unter dem **Namen „index.php"** ab. Jetzt gehen Sie zurück in Ihre „index.php" und schreiben folgenden Code hinein:

```
header("HTTP/1.1 301 Moved Permanently";

header("Location:
http://adsender.webmasterprop.com/clicktrack?=ref=?385fj5694
```

```
C1kj &site=9339069452&typus=ban&tkp=5; header("Connection: close";

?>
```

Den fett markierten Link in diesem Code-Schnipsel, tauschen Sie nun gegen Ihren eigenen aus und **speichern die Datei „index.php“** anschließend **im Verzeichnis „laptop-bundle“** auf Ihrem Webspace ab.

Achten Sie beim Erstellen der PHP-Datei auf folgende zwei Dinge:

Die Angabe zum Header muss das erste sein, was in Ihrer Datei steht. **Über der Header-Angabe**, also unserem Code-Schnipsel, darf **keinerlei weiterer Code** stehen. Unterhalb der Header-Angaben ist weiterer Code kein Problem, wenn Sie zum Beispiel ein Tracking für Ihre Links einrichten wollen.

Damit das Tracking auch funktioniert, geben Sie beim Austausch Ihres persönlichen Affiliate-Links Acht darauf, dass der Link mit **sämtlichen Parametern** komplett und **sauber eingefügt** wird. Hier ist es besser zwei oder drei Mal nachzuprüfen.

Sobald Ihre frisch erstellte index.php-Datei mit Ihrem Affiliate-Link im Ordner „laptop-bundle“ auf Ihrem Webspace liegt, ist das Werk vollbracht. Sie haben einen hässlichen Affiliate-Link, mit Hilfe einer PHP-Extension, auf Ihrem Server umgeleitet und damit maskiert. Wenn Sie nun zukünftig auf das Angebot Ihres Partners, über den neuen, maskierten Link, verlinken möchten, so tippen Sie einfach nur noch Ihre Domain und den entsprechenden Verzeichnispfad ein.

Der maskierte Link, den Sie auf Ihrer Website einbauen sieht dann so aus:

www.meine-affiliate-seite.de/tipp/laptop-bundle

Diesen Link werden Ihre Besucher nun zu Gesicht bekommen, wenn sie mit der Maus über einen Ihrer Textlinks fahren. Ein solcher Link ist aussagekräftig und macht dem Besucher direkt klar, was ihn erwartet. Ein Zwischenverzeichnis wie „Tipp" rundet die Optik eines solchen PHP-maskierten Links zudem ab, indem es suggeriert, dass es sich bei diesem Link um einen einfachen Tipp des Webseitenbetreibers handelt. Für den Namen dieses Zwischenverzeichnisses müssen Sie sich nicht an mein Beispiel halten, sondern können frei wählen. Einige Affiliates nennen Ihr Unterverzeichnis zum Beispiel „empfiehlt", sodass ein maskierter Affiliate-Link am Ende www.meine-affiliate-seite.de/empfiehlt/laptop-bundle lauten würde. „Die Domain Ihrer Website" + „empfiehlt" + „der Name eines Produktes" wirkt doch um Welten ansprechender und vertrauenserweckender, als ein unbehandelter Affiliate-Link, mit kryptischer Syntax. Das führt letzten Endes zu einer höheren Klickrate und in Folge dessen auch zu mehr Einnahmen.

Affiliate-Links maskieren per Plugin

Eine andere und für Anfänger noch leichter umzusetzende Methode, die eigenen Links zu maskieren, ist die Verwendung eines Plugins. Sofern Sie WordPress zum Aufbau Ihrer Webseiten nutzen - was ich unbedingt empfehlen kann – bietet das **Plugin „Pretty Link"** Ihnen genau diese Funktion. Pretty Link steht in zwei Versionen zur Verfügung. Das ist einmal die kostenlose „Lite"-Version und zum anderen die Premium-Version, mit der Ihnen noch mehr Funktionen zur Verfügung stehen. Für unsere Zwecke reicht der Funktionsumfang des kostenlosen „Pretty Link Lite" aber vollkommen aus.

Pretty Link Lite für WordPress können Sie sich ganz einfach über diesen Link https://de.wordpress.org/plugins/pretty-link/ herunterladen, oder aus Ihrem Wordpress-Backend heraussuchen und installieren.

Um Ihnen den Einstieg etwas leichter zu machen, werde ich Ihnen den Weg bis zum ersten erstellten Link dokumentieren.

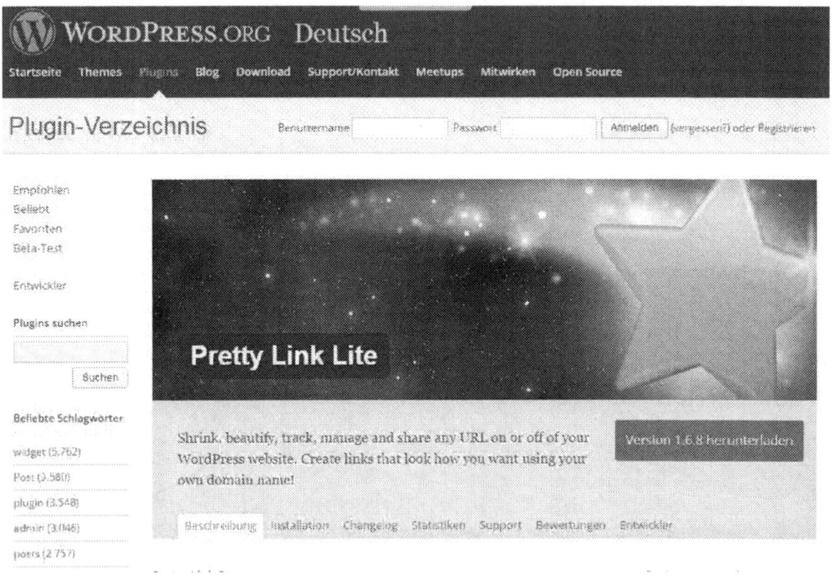

Wenn Sie im WordPress-Backend Ihrer Seite sind, navigieren Sie in der Menüleiste am linken Bildschirmrand zum Menüpunkt **„Plugins"** und klicken auf den Unterpunkt **„Installieren".**

Auf dem nächsten Bildschirm, haben Sie nun Zugriff auf den

gesamten Marktplatz von kostenlosen Plugins für WordPress. Diesen Marktplatz können Sie auf unterschiedliche Weise durchsuchen und das machen Sie jetzt einmal. Dazu klicken Sie in das im Screenshot markierte kleine **Suchfeld** oben rechts, geben **„pretty link“** ein und drücken die **Enter-Taste.**

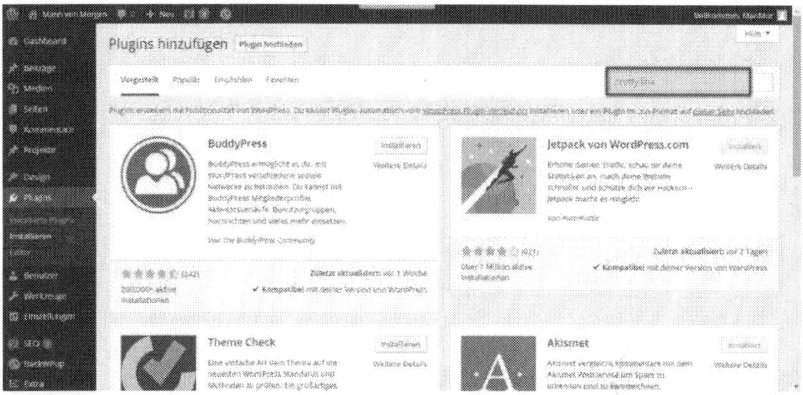

Anschließend wird WordPress Ihnen eine Ergebnisseite zu Ihrer Suchanfrage ausspucken, auf der als erstes das gewünschte Plugin angezeigt wird. Klicken Sie dort jetzt auf den Button **„Installieren“** und warten Sie bis die nächste Seite geladen ist.

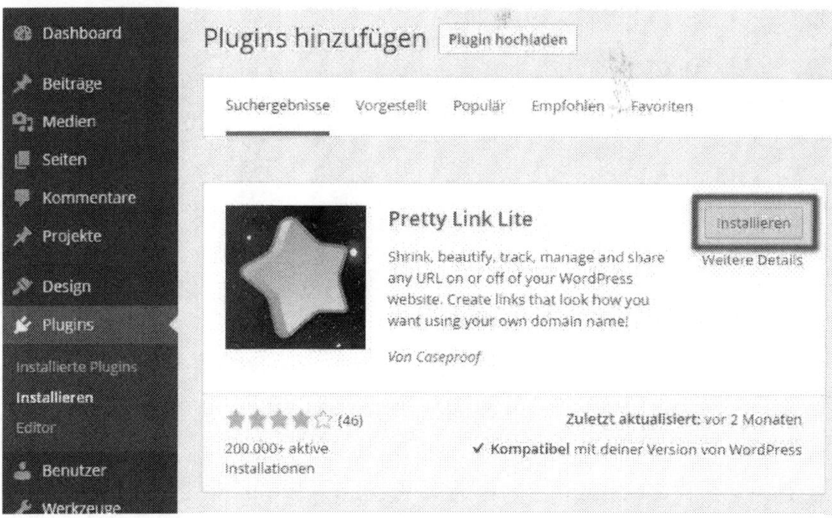

Im nächsten Bildschirm wird nun die Installation des Plugins ausgeführt. Warten Sie, bis in der letzten Zeile *„Das Plugin **Pretty Link Lite 1.x.x** wurde erfolgreich installiert“* steht. Pretty Link Lite ist nun installiert und muss nur noch aktiviert werden. Das tun Sie mit einem Klick auf den Link **„Aktiviere dieses Plugin“.**

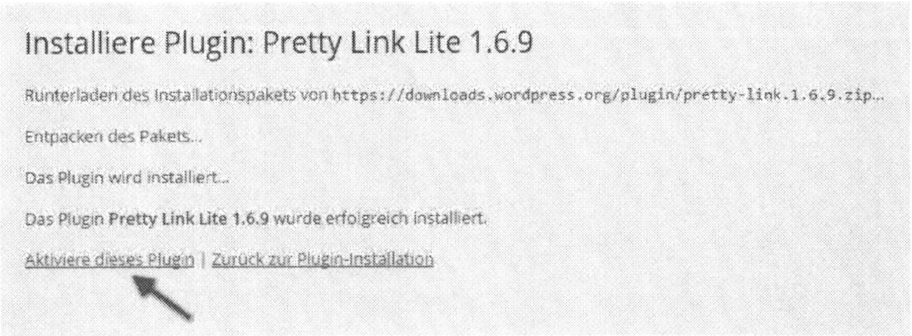

Nach erfolgreicher Installation und Aktivierung des neuen Plugins, erscheint nun ein **neuer Menüpunkt** namens „Pretty Link“ in Ihrer Menüleiste.

Um nun Ihren ersten maskierte Affiliate-Link zu erstellen, klicken Sie auf den Unterpunkt **„Add New Link“.**

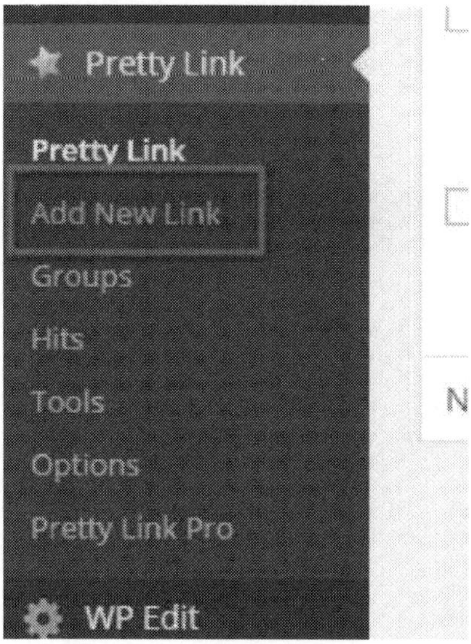

Der nächste Bildschirm erscheint und es kann losgehen. Füllen Sie alle entsprechenden Felder aus. Der **„Redirection Type“** ist standardmäßig auf „307 (Temporary)“ eingestellt und genauso lassen Sie es auch – keine Veränderung notwendig. Das nächste Feld heißt **„Target URL“** und ist natürlich ein Pflichtfeld. Hier fügen Sie die Ziel-URL, also Ihren **Affiliate-Link**, ein. Anschließend gehen Sie weiter zum Feld **„Pretty Link“.** Hier können und müssen Sie nun eine Maskierung festlegen, hinter der Ihr eigentlicher Link versteckt werden soll. Suchen Sie sich dazu einfach einen knackigen und beschreibenden Namen (kann auch aus mehreren Wörtern bestehen) aus und setzen diesen in das Feld **hinter Ihrer Domain und dem Schrägstrich.**

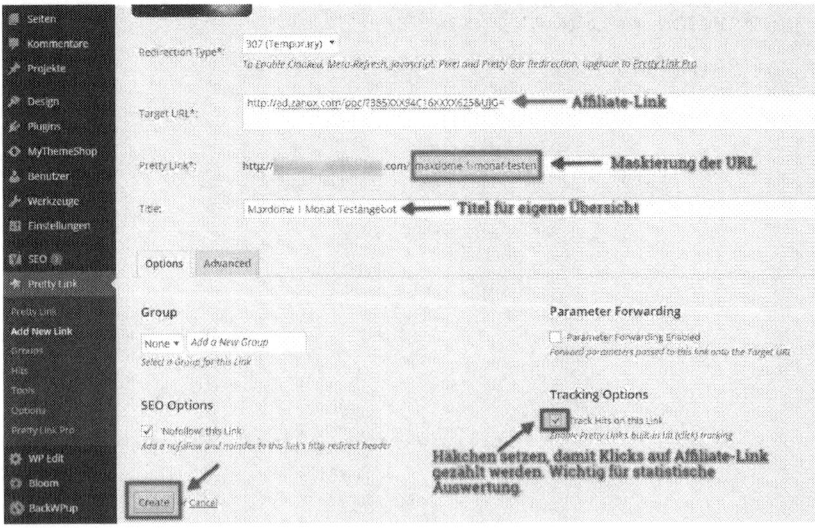

Ein maskierter Link mit Pretty Link Lite sieht dann so aus: www.meine-affiliate-seite.de/cooler-laptop-bundle oder www.meine-affiliate-seite.de/maxdome-1-monat-testen

Wenn Sie einmal selbst mit den Augen eines Verbrauchers auf diesen Link schauen, stellen Sie sicher erneut fest, dass dieser doch sehr viel besser und seriöser aussieht als http://adsender.webmasterprop.com/clicktrack?= ref=?385fj5694C1kj &site=9339069452&typus=ban&tkp=12 oder etwas ähnliches, nicht wahr?! Der geringe Aufwand, seine Werbelinks auf diese Weise zu verschönern, lohnt sich wirklich. Außerdem versieht Pretty Link die erstellten Links sogar automatisch mit dem Attribut „nofollow", denn Google sieht es nicht gerne wenn Link-Power, in Form von Rückverlinkung (Backlinking), auf einen Affiliate-Link übergeht. Der Zusatz „nofollow" sorgt in diesen Fall dafür, dass Google Ihre maskierten Links auch als Werbelinks erkennt und nicht als vollwertigen Backlink wertet. Vergisst man diesem Zusatz bei seinen Affiliate-Links, und passiert das oft, könnte das sogar zu einer Abstrafung von Seiten Googles führen. Da das Plugin das aber automatisch macht, müssen Sie sich darum schon mal keine Gedanken mehr machen.

Affiliate-Links maskieren mit Link-Shortenern

Ein Link-Shortener ist ein Online-Dienst, mit Hilfe dessen sich jeder x-beliebige Link kürzen lässt. In unserem Fall sind das unschöne und ellenlange Affiliate-Links. Ein solcher Service, mit dem ich gerne meine Links kürze, ist www.bitly.com . Einen Affiliate-Link mit Bitly in einen kurzen, maskierten Link zu verwandeln, ist kinderleicht. Rufen Sie dazu einfach die Seite www.bitly.com in Ihrem Browser auf. Sie werden dann auf die Startseite gelangen und dort ein breites Eingabefeld, mit der Inschrift **„Paste a link to shorten it“,** vor sich sehen. Alles was Sie nun tun müssen ist, den zu kürzenden Affiliate-Link in das Feld hineinzukopieren. In dem Moment, in dem Sie den Link hineinkopiert haben, verwandelt sich dieser auf der Stelle in einen Short-Link. Mit einem Klick auf den orangenen **„Copy“-Button,** wird der neue Kurzlink in Ihrer Zwischenablage gespeichert und Sie können ihn auf Ihrer Website, oder an anderer Stelle, wieder einfügen.

Ein **maskierter Link bei Bitly sieht** beispielsweise **so aus:** http://bit.ly/2cj63e9

Der Nachteil eines solchen Links, ist natürlich, dass wir keine sprechende URL haben, die dem User sagt, wohin ihn der Link bringen wird. Dafür ist die Kürzung von Links aber nicht alles, was bitly.com bietet. Sie ist zwar die Kernfunktion, doch mit der Registrierung eines Free-Accounts bei Bitly, eröffnet sich zusätzlich die Möglichkeit, Ihre Links zu tracken. Die Statistiken von Bitly verraten Ihnen, welcher Ihrer Links **wann**, **wie oft** geklickt wurde, aus **welchen Quellen** im Internet diese Klicks stammen, wie die **Aufteilung** der Klicks **nach Ländern** in Prozent aussieht und noch einiges mehr. Damit sind Sie mit Ihren maskierten Affiliate-Links nicht im Blindflug unterwegs, sondern können die Performance dieser messen und nachverfolgen. Sie sehen genau, was die höchste Resonanz bei Ihrer Zielgruppe, auf welchem Kanal, erreicht und können Ihre Marketing-Strategie daran ausrichten.

Besonders beliebt und sinnvoll ist die Link-Kürzung oder Maskierung über Dienste wie Bitly, beim Einsatz von Affiliate-Links auf den diversen Social-Media-Plattformen. Facebook, Twitter und Co. leben von kurzen Nachrichten und Status Updates, welche auch über mobile Endgeräte, wie Smartphones, bequem gelesen werden können. Besonders bei Twitter wird man ohne eine solche Link-Kürzung schnell an Grenzen stoßen, da hier die Anzahl der Zeichen für einen Tweet auf 140 begrenzt ist. Da ist jedes Zeichen wertvoll, und sollte nicht an ellenlange Links verschwendet werden.

Nun kennen Sie 3 Möglichkeiten einen Affiliate-Link zu verstecken. Für den Einsatz auf Ihrer eigenen Website oder Ihrem Blog, empfehle ich auf jeden Fall eine der beiden ersten Maskierung-Methoden einzusetzen. Im Sinne von Vertrauensbildung und Klickrate, erzielen Sie hier die besten Ergebnisse.

Affiliate Marketing ohne eigene Website

Um mit dem Bewerben von Produkten anderer Unternehmen im Internet Geld zu verdienen, ist es nicht zwingend notwendig eine oder gar mehrere eigene Websites zu betreiben. Viele Partnerprogramme setzen nicht voraus, dass man eine eigene Seite hat und bieten die Möglichkeit, die Produkte dieser Unternehmen völlig frei im Internet zu bewerben. In diesem Kapitel möchte ich Ihnen einige Wege vorstellen, mit denen es möglich ist, auch ohne eine eigene Website Geld als Affiliate zu verdienen.

Revenue-Sharing-Seiten

Eine Revenue-Sharing-Seite ist erst mal nur eine große Content-Seite, welche ihre Inhalte durch Werbung und Affiliate Marketing monetarisiert. Die vielen Inhalte einer solchen Seite kommen allerdings nicht aus der Feder eines einzelnen oder einer Handvoll Autoren, sondern von hunderten oder tausenden angemeldeten Mitgliedern. Als registriertes Mitglied bei einem Revenue-Sharing-Content-Portal, wie zB. https://pagewizz.com/ oder http://www.pageballs.com/ können Sie sofort eigene Texte, Artikel zu den unterschiedlichsten Themen einstellen und veröffentlichen, ohne dass Sie jemals eine eigene Website installiert haben. Als Lohn für Ihre Arbeit als Texter, werden Sie dann an sämtlichen Werbe- und Affiliate-Einnahmen, die durch Ihre Artikel generiert werden, prozentual beteiligt. Von diesem Geschäftsmodell profitiert sowohl der Texter, als auch der Betreiber eines solchen Content-Portals. Als Autor oder Content-Produzent, haben Sie die Möglichkeit, ohne eigene Website Ihre Inhalte zu veröffentlichen und damit Geld zu verdienen. Der Betreiber einer solchen Seite bekommt dafür regelmäßig neue Inhalte für seine Seite, die er nicht selbst schreiben muss, und die er dann, durch Werbebuchungen oder Affiliate-Links, zu Geld machen kann.

Wer gerne zu unterschiedlichen Themen schreibt und fleißig ist, wird sich schnell ein großes Portfolio von Artikeln erarbeiten können und wird fortan an den Einnahmen über diese Inhalte beteiligt. Je mehr populäre Beiträge man schafft ins Netz zu bringen, desto höher werden logischerweise auch die Einnahmen als Autor bei einer Revenue-Sharing-Seite ausfallen. Die Zahlen anderer können natürlich niemals wirklich ein Maßstab sein, dennoch ist es mit dem Aufbau eines eigenen Texte-Portfolios, mit mehreren Texten pro Monat, möglich, sich innerhalb einiger Monate ein passives Einkommen von einigen hundert Euro aufzubauen. Revenue-Sharing-Seiten sind eine der sehr wenigen Wege, ohne eigenen Website passiv Geld im Internet verdienen zu können.

Content-Sharing-Sites, Foren, Blogs und Q&A

Das Internet bietet Milliarden von Webseiten verschiedenster Arten. Von diesen Webseiten und Plattformen sind viele gut besucht und ziehen regelmäßig eine hohe Anzahl neuer Besucher an. Als Affiliate ohne eigene Website, besteht die Aufgabe nun darin, sich solche stark frequentierten Seiten herauszusuchen und das eigene Affiliate-Angebot, inklusive Link, dort irgendwie unters Volk zu bringen.

Möglichkeit 1:

Kostenlose PDF-Dateien auf Content-Sharing-Plattformen

Bei dieser Möglichkeit, besteht Ihre Aufgabe besteht darin, kleine PDF-Dateien (Mini-E-Books) zu einem gefragten Thema zu erstellen, Ihre Affiliate-Links in diesen Ebooks einzubauen und Sie auf sogenannten Content-Sharing-Seiten, wie http://de.slideshare.net/, kostenlos zum Download anzubieten. Wenn Sie solche PDF-Reports erstellen, sorgen Sie auf jeden Fall dafür, dass der Inhalt dieser auch wirklich zum gewählten Thema passt und nicht einfach nur irgendein wertloser Kram darin steht. Ihr Inhalt muss einen Mehrwert für den Leser bieten, denn schließlich wollen wir ja, dass er möglichst bis zum Ende liest, aber vor allem seine positive Erwartungshaltung behält und damit **empfänglich für Ihr Affiliate-Angebot** ist. In den Content Ihres kleinen E-Books betten Sie nun an den passenden Stellen, mitten im Text und einmal ganz am Ende, ein Affiliate-Angebot mit Ihrem Affiliate-Link ein und machen dem Leser kurz und knapp klar, warum er dieses Angebot heute noch wahrnehmen sollte. Diese kleinen Werbeabschnitte sind das womit man mit kostenlosen PDFs am Ende Geld verdient.

Durch die schiere Masse von Inhalten, sind Content-Sharing-Plattformen zu bestimmten Keyword-Phrasen sehr gut bei Google gerankt und ziehen jeden Tag tausende Besucher an. Sobald Sie Ihr PDF-Dokument inhaltlich soweit fertig haben, wählen Sie für die Datei noch einen aussagekräftigen Titel, im Sinne der Keyword-Optimierung. Damit wird Ihr PDF sowohl bei Google, als auch in der internen Suche der Plattform besser gefunden. Je häufiger Ihre Datei gefunden wird, desto öfter wird Sie heruntergeladen. Je häufiger Ihre Datei heruntergeladen wird, desto relevanter ihr Stand aus Sicht der Content-Plattform und desto öfter wird sie in Zukunft gefunden werden. Auf diese Weise erhöht sich mit einem gut optimierten Titel und guten Inhalt der potenzielle Traffic für Ihre Affiliate-Links recht schnell und Sie können ohne eigene Website erste Einnahmen im Affiliate Marketing generieren.

Möglichkeit 2:

Blogs

Jeder Blog bietet Lesern die Möglichkeit sich zu beteiligen, indem Sie Beiträge kommentieren. Suchen Sie sich große und gut besuchte, aber vor allem themenrelevante Blogs heraus und kommentieren Sie was das Zeug hält. Zum Kommentieren eigenen sich am besten Artikel, welche gerade erst veröffentlicht wurden und noch viele neue neugierige Leser anziehen werden oder die beliebtesten Artikel eines Blogs, welche Sie meistens in der Sidebar finden werden. Diese können durchaus schon einige Wochen oder Monate alt sein, ziehen aber immer wieder Besucher an und werden lebhaft kommentiert.

Bei jedem Kommentar, den Sie posten, steht Ihnen ein Feld für Ihren Namen, eins für Ihre E-Mail-Adresse (diese wird nicht öffentlich angezeigt) und eins für einen Weblink zu Ihrer Website zur Verfügung. In das Feld für den Website-Link, fügen Sie Ihren Affiliate-Link, am besten in maskierter Form, ein. Liest sich ein Besucher des Blogs nun am Ende eines Artikels die Kommentare durch, dann werden ihm sowohl Kommentar, wie auch Name der anderen Kommentatoren, angezeigt. Ihr Name ist in diesem Fall direkt mit Ihrem Affiliate-Link verlinkt. Ein interessant geschriebener Kommentar wird dafür sorgen, dass viele andere Leser aus Neugier auf Ihren Namen klicken und damit direkt zum Affiliate-Angebot auf die Seite des Merchants weitergeleitet werden.

Diese Art der Traffic-Generierung geschieht komplett händisch und ist daher mit einigem Aufwand verbunden. Automatisiert werden kann hier leider nichts. Sorgen Sie dafür, dass Ihr Kommentar auch inhaltlichen Bezug zum Artikel hat und dem Leser einen gewissen Mehrwert bietet oder ihn zumindest einfach neugierig macht, auf die Person, die dahinter steckt. Achten Sie außerdem darauf, immer ein Affiliate-Angebot zu wählen, welches wirklich Sinn für den Leser eines bestimmten Artikels macht. Traffic über das Kommentieren von Blogartikeln zu generieren, ist sowieso schon hart genug, also wollen wir nicht noch User mit völlig unpassenden oder irgendwelchen 0815-Angeboten verlieren. Für diese Art von **kaltem Traffic** würde ich am ehesten **Lead-Angebote** empfehlen. Hier erhält der Interessent in der Regel ein kostenloses Geschenk, gegen die Herausgabe seiner E-Mail-Adresse oder ähnlichem. Die Wahrscheinlichkeit auch aus kaltem Traffic einen Lead zu vermitteln und Provisionen zu verdienen, ist deutlich höher, als zahlende Kunden bei der Vermittlung eines kostenpflichtigen Produktes zu gewinnen.

Möglichkeit 3:

Foren

Ein weiterer Ort, an dem sich bestimmte Zielgruppen sehr genau finden lassen, sind Foren. Zu jeder erdenklichen Nische gibt es heute eines oder mehrere Foren, in denen sich die Menschen tummeln, sich austauschen und gegenseitig Themen diskutieren. Als Affiliate Marketer ohne eigene Website, kann man dies nutzen, um Affiliate-Angebote zielgerichtet zu bewerben. Doch man muss vorsichtig vorgehen, denn Foren sind nicht dazu erdacht worden, als Werbeveranstaltungen missbraucht zu werden und das setzen die meisten Moderatoren auch strikt durch. Es ist also gar nicht gern gesehen, wenn ein neues Mitglied auf einmal in jedem Thread (so nennen sich die Gesprächsrunden zu einem Thema/einer Fragestellung in Foren) auftaucht und seine Affiliate-Links verteilt. Um die werbe-sensibilisierte Leserschaft in Foren mit Angeboten zu erreichen, müssen wir einen anderen etwas subtileren Weg gehen. Wenn Sie sich in einem passenden Forum anmelden, zu dessen Themenbereich Sie ein lukratives Partnerprogramm an der Hand haben, sollten Sie ein paar Vorbereitungen treffen. Füllen Sie Ihr Profil möglichst komplett aus und laden Sie ein Bild hoch. Anschließend machen Sie sich auf die Suche nach aktuellen Threads, welche gerade heiß diskutiert werden und beteiligen sich an der Diskussion. Beantworten Sie die Fragen Ihrer Mitmenschen ernsthaft und ausführlich, so dass es dem Fragesteller wirklich helfen kann. Antworten Sie **jeden Tag auf 2-3 Threads und das eine Woche lang.** Die Moderatoren merken, dass Sie ein Mitglied sind, welches sich ganz normal an der Diskussion beteiligt, anderen hilft und damit einen Mehrwert für das Forum darstellt. Dadurch hat man Sie nicht mehr so auf dem Kicker, wie das bei einem frisch registrierten Mitglied der Fall ist, das noch nicht einen einzigen Beitrag verfasst hat.

Kommen wir nun zu dem Punkt, an dem wir dezent die Werbetrommel rühren und unseren Affiliate-Link zum Einsatz bringen. Viele Foren bieten Ihren Mitgliedern einen sogenannten **Signatur-Bereich in ihrem Profil.** Diese Signatur kann mit Text und auch Links gefüllt werden und erscheint dann fortan unter JEDEM Beitrag, den ein User im Forum postet. Statt eines persönlichen Slogans wie die meisten User, fügen Sie hier nun Ihren Affiliate-Link (am besten gekürzt) und eine kurze Beschreibung ein, die den Leser vermuten lässt, was sich hinter dem Link verbirgt. Hier heißt es kreativ werden und das Interesse der Leser wecken, Ihren Link zu klicken. Wenn Sie Ihre Signatur auf diese Weise ausgefüllt haben, ist Ihr digitales Werbeschild aufgestellt und für jeden anderen sichtbar. Um nun möglichst viele Klicks auf den eigenen Affiliate-Link zu generieren, heißt es **weiter aktiv sein** und Ihre Signatur an so vielen Stellen wie möglich im Forum zu verteilen. Das bringt die ersten kostenlosen Besucher auf Ihren Partnerlink und mit Sicherheit auch die ersten Verkäufe auf Ihr Affiliate-Konto.

Möglichkeit 4:

Frage-Antwort-Seiten

Ähnlich, wie bei der Beteiligung in Foren, funktioniert das Vermarkten einer eigenen Website oder eines Affiliate-Links über sogenannte Frage-Antwort-Portale. Dutzende solcher Seiten gibt es mittlerweile im deutschsprachigen Raum und die größten dieser Art, wie gutefrage.net oder wer-weiss-was.de, gehören wohl zu den meist besuchten Seiten überhaupt in Deutschland. Hier werden Hundert Tausende Fragestellungen, zu sämtlichen nur vorstellbaren Themenkomplexen, behandelt, an denen sich jedes registrierte Mitglied beteiligen kann. Legen Sie sich also einen **Account bei so vielen Frage-Antwort-Portalen** wie nur möglich an, mindestens aber bei den 2-3 größten. Suchen Sie einfach bei Google nach „Frage Antwort Portale" und Sie werden eine Vielzahl weiterer Seiten dieser Art finden. Sobald Sie einen frischen Account bei einer Frage-Antwort-Seite angelegt haben, müssen Sie sich völlig werbefrei an den Diskussionen beteiligen. Beweisen Sie dem Betreiber der Seite, dass Sie ein ganz normales Mitglied sind, und einen Wert für das Portal darstellen, indem Sie **fleißig und ehrlich die Fragen anderer User beantworten**, selber Fragen stellen und damit die Unterhaltung am Laufen halten. Tun Sie das für eine Woche täglich, bis Ihr Account **zwischen 15 und 20 Beiträgen zählt**. Ihr Account sollte nun warm genug gelaufen sein, um jetzt langsam aber sicher den einen oder anderen Affiliate-Link in Ihre Antworten einfließen zu lassen. Im Gegensatz zu vielen Foren, gibt es bei solchen Frage-Antwort-Portalen keine Signatur-Funktion, mit der Ihre „Werbung" automatisch unter jedem Ihrer Postings angezeigt wird. Das heißt Sie müssen Ihre Links direkt in Ihre Beiträge, Antworten einfügen. Selbstverständlich darf das nicht plump oder aggressiv geschehen, denn solche Posts werden von den Seitenbetreibern ganz schnell wieder gelöscht. Antworten Sie stattdessen einfach wie gewohnt neutral und ausführlich auf Fragestellungen anderer User. In der Mitte Ihres Beitrages lassen Sie dann beispielsweise **einen Satz wie** *„als ich damals von meinem Mann verlassen wurde, habe ich das Buch „Titel des Ebooks" von Maria Mustermann gelesen und das hat mir tatsächlich geholfen."* **oder** *„Ich habe mich letztens zu diesem Thema auf ‚www.produktseite.de' informiert."* fallen und **verlinken zum Produkt.** Lassen Sie solche dezenten Empfehlungen nicht ganz am Ende Ihres Beitrages stehen, sondern schreiben Sie danach noch einige Sätze weiter, damit der werbende Charakter, im Auge des normalen Users und auch im Auge der Seitenbetreiber, ein wenig abgeschwächt wird.

Auf Frage-Antwort-Portalen gibt es unendlich viele Fragestellungen, zu unterschiedlichen Themen, welche sich aber nicht selten auch stark ähneln oder sogar exakt gleichen. Das bietet Affiliates, welche ohne eigene Website unterwegs sind, die Möglichkeit, hunderte kostenlose Besucher zu generieren. Genau wie bei den anderen beschriebenen Methoden, hängt auch hier der Erfolg einzig und allein vom Fleiß des Affiliates ab. Die Generierung von Traffic auf diese Weise ist 100% Handarbeit und lässt sich leider nicht automatisieren, wie das bei einer eigenen Website, zum Beispiel durch die Suchmaschinenoptimierung, der Fall wäre. Wenn Sie nun ganz frisch im Affiliate-Geschäft sind und relativ schnell erfahren wollen, wie es sich anfühlt, die ersten Affiliate-Einnahmen auf dem Konto eingehen zu sehen, dann sind die in diesem Kapitel beschriebenen Vermarktungswege sicher einen Versuch wert.

Facebook und Amazon

Jeder mit einem Amazon-Account kann sich völlig unverbindlich und kostenlos auch beim Amazon Partnernet, dem Partnerprogramm von Amazon, anmelden. Nach der Anmeldung ist das Konto sofort aktiv und man kann sich für jedes erdenkliche Produkt seinen eigenen Affiliate-Link generieren lassen. Um aber vernünftig loslegen zu können, verlangt auch Amazon die Angabe einer Webseite oder zumindest Plattform im Netz, auf der Produkte beworben werden sollen. Wer nun keine eigene Website hat, der kann auch die URL zu einer einfachen Facebook Fanpage dort angeben – das ist für Amazon zu diesem Zeitpunkt okay. Eine Facebook Fanpage ist innerhalb von 2 Minuten erstellt und bereit **als Website-Ersatz zu fungieren.** Sofern sich eine solche Seite mit einem klar definierten Thema beschäftigt, kann man sich, durch regelmäßiges posten von Inhalten und aktive Einladungen, eine Fanbase aufbauen. Facebook User markieren Ihre Seite mit „Gefällt mir" und werden ab sofort immer darüber informiert, wenn es Neuigkeiten auf Ihrer Seite gibt. Das **regelmäßige Veröffentlichen von redaktionellen Inhalten, gemischt mit Affiliate-Angeboten** über das Amazon Partnernet, bietet enormes Einnahmenpotenzial. Wie hoch das genau ist, hängt natürlich auch immer von der Nische selbst ab, in der Sie sich bewegen, von der Anzahl der Fans und ob auch bezahlte Werbung, zum Verbreiten der eigenen Inhalte, in Frage kommt.

Der Vorteil von Affiliate Marketing mit dem Amazon Partnerprogramm, in Verbindung mit Facebook, ist eindeutig der unkomplizierte Einstieg. Der Aufbau einer eigenen Website ist nicht notwendig und die Bewerbung bei einzelnen Partnerprogrammen fällt weg. Man kann sofort anfangen zu werben und mit den Produkten anderer Geld im Internet zu verdienen. Die Nachteile einer Facebook Fanpage als Website-Ersatz hingegen, sind eindeutig der eingeschränkte Gestaltungsspielraum, vor allem aber auch, dass veröffentlichte Inhalte sehr schnell wieder „verschwinden“. Die allerwenigsten User bei Facebook besuchen eine Fanpage aktiv, indem sie sie ansurfen, sondern reagieren nur auf die neusten Beiträge (wenn überhaupt), die ihnen im Newsfeed angezeigt werden. Wenn man seine Beiträge also nicht kostenpflichtig über Facebook Ads bewerben möchte, dann muss man einfach damit rechnen, dass jeder Post, jedes Affiliate-Angebot innerhalb von einigen Minuten, mit viel Glück ein paar Stunden, wieder aus dem Blickfeld des Users verschwunden ist. Die Mengen an Inhalt, welche auf Facebook tagtäglich produziert werden, sind enorm und das Zeitfenster, in dem man potenzielle Interessenten erreichen kann, entsprechend klein.

Obwohl die Möglichkeit, die eigenen Affiliate-Links auf den verschiedensten Plattformen unters Volk zu bringen, zweifelsohne bestehen, sind sie doch irgendwie **nichts Halbes und nichts Ganzes.** Wer sich mit dem Thema „Online Geld verdienen“ und „Affiliate Marketing“ auseinandersetzt, der hat ja nicht selten auch die Absicht, auf diese Weise bald **ein volles Einkommen zu verdienen** und **ein richtiges Business** im Internet zu betreiben. Das ist mit der händischen Verteilung von Affiliate-Links, selbst an zielgruppenrelevanten Stellen, sicher nicht möglich. Um eine oder mehrere eigene Webseiten wird jemand, mit dem Wunsch nach einem konstanten Einkommen durch Affiliate Marketing, auf Dauer also nicht herumkommen.

Affiliate Marketing Glossar

Affiliate/Publisher

Affiliate oder Publisher ist, wer Inhalte im Internet veröffentlicht und diese über die Teilnahme an Partnerprogrammen monetarisiert. Ein Affiliate verkauft keine eigenen Produkte, sondern bewirbt in der Regel themenrelevante Angebote von anderen Unternehmen und wird an deren Umsätzen finanziell beteiligt.

Merchant/Advertiser

Als Merchant oder Advertiser wird im Affiliate Marketing der Verkäufer eines Produktes bezeichnet.

Cookie

Kleine Datei, welche auf dem Computer des Users gespeichert wird und Nutzerdaten enthält. Bei erneutem Aufruf einer Website, wird auf diesen Cookie zurückgegriffen, um beispielsweise festzustellen, welchem Affiliate der Besucher zuzuordnen ist (Tracking-Methode im Affiliate Marketing).

Nische

Als Nische bezeichnet man in der Regel ein Themengebiet, welches eng abgesteckt ist und auf dem es nur wenig oder gar keine Konkurrenz gibt.

Conversion Rate

Umwandlungsrate von einfachen Besuchern in Kunden oder Interessenten. Die Conversion Rate wird in Prozent angegeben und beschreibt, wie viele Kunden aus im Schnitt 100 Besuchern resultieren. Eine CR von 5% bedeutet also, dass sich jeder zwanzigste Besucher Ihrer Seite zu einem Kunden wird oder sich als Interessent einträgt, je nachdem, für was Sie die CR messen wollen.

Cookie-Laufzeit

Zeitspanne, in der eine Cookie-Datei auf dem Rechner eines Users gültig ist. Läuft die Gültigkeit eines Cookies ab, so kann nicht mehr auf vergangene Userdaten zugegriffen werden und ein Kunde nicht mehr einem Affiliate zugeordnet werden.

Freigabezeit

Zeit die es braucht, bis eine Provision von Partnerprogrammbetreiber als bestätigt freigegeben wird.

Inhouse Partnerprogramm

Partnerprogramm, welches nicht über ein Affiliate Netzwerk abgewickelt wird, sondern vom Partnerunternehmen selbst unter Eigenregie (also Inhouse) betrieben und gemanagt wird. Das wohl größte Inhouse Partnerprogramm im Netz ist das Partnernet von Amazon.

Deep-Link

Ein Affiliate-Link, welcher direkt auf eine spezielle Kategorieseite oder Produktseite eines großen Online Shops führt.

Double Opt-In

Verfahren zur Eintragung in einen Newsletter/eine E-Mail-Liste. Das Double-Opt-In-Verfahren ist in Deutschland gesetzlich vorgeschrieben und stellt einen Zwei-Schritte-Prozess dar, bei dem ein Interessent, der seine E-Mail-Adresse in einen Newsletter eingetragen hat, diese noch einmal bestätigen muss. Das soll verhindern, dass E-Mail-Adresse fälschlicherweise in E-Mail-Listen eingetragen werden, ohne dass der Eigentümer Kenntnis davon hat oder damit einverstanden ist.

First Cookie Wins

Tracking-Methode, bei der die zuerst gespeicherte Cookie-Datei innerhalb eines bestimmtes Zeitraums (der Cookie-Laufzeit) gewertet wird.

Last Cookie Wins

Tracking-Methode, bei der die zuletzt gesetzte Cookie-Datei, zur Zuordnung einer Affiliate-Provision, gewertet wird.

Tracking

Tracking beschreibt den Prozess des Zurückverfolgens eines Besuchers, der über den Link eines Affiliates kommt und stellt die korrekte Zuordnung von verdienten Provisionen sicher.

Affiliate-Netzwerk

Marktplatz, auf dem sich Merchant (Verkäufer) und Affiliate (Vermittler) treffen und sämtliche partnerschaftliche Geschäfte in diesem Zusammenhang abgewickelt werden.

Partnerprogramm

Programm eines Unternehmens/Verkäufers, dass es ermöglicht, dass andere Webseitenbetreiber als Vermittler tätig werden und mit der Vermittlung von Kunden oder Interessenten Geld verdienen können.

Pay per Sale

Vergütungsmodell im Affiliate Marketing, bei dem die Provision pro Verkauf gezahlt wird.

Pay per Lead

Vergütungsmodell im Affiliate Marketing, bei dem die Provision pro Interessent, in Form einer Anmeldung, Eintragung oder Anfrage gezahlt wird.

Pay per Click

Vergütungsmodell im Affiliate Marketing, bei dem die Provision pro Klick auf ein Werbemittel gezahlt wird.

TKP (Tausender Kontaktpreis)

Vergütungsmodell im Affiliate Marketing, bei dem die Provision pro 1.000 Einblendungen gezahlt wird.

Bannerfarm

Als Bannerfarm wird ein Webauftritt bezeichnet, welcher völlig überladen mit Werbebannern und irgendwelchen Anzeigen ist. An jeder Ecke blinkt und leuchtet es, sodass vor lauter Werbung im Grunde kein relevanter Content mehr zu finden ist. Ganz schlecht!

Call to Action

Handlungsaufforderung, welche den User optisch, wie inhaltlich zu einer bestimmten Handlung bewegen soll.

CMS - Content Management System

System/Softwarelösung zur redaktionellen Verwaltung von Inhalten auf einer Website. Standardlösung für moderne Webseiten mit dynamischen Inhalten.

Conversion

Umwandlung des Status‘ eines Users/Besuchers. Angestrebt wird meist die Konversion eines Besuchers in einen Interessenten und eines Interessenten in einen zahlenden Kunden.

Landing Page

Einzelne Webseite, welche nur ein spezielles Ziel verfolgt oder sich mit nur einem klar umrissenen Thema befasst. Landingpages können zur Information über ein enges Themenfeld dienen, zum

Einsammeln von E-Mail-Adressen oder zum gezielten Verkauf eines Produktes, einer Dienstleistung.

Lead

Ein vermittelter Interessent für das Angebot eines Partnerunternehmens. Ein Lead ist noch kein zahlender Kunde, sondern lediglich ein Interessent, welcher seine E-Mail-Adresse oder seinen Datensatz übermittelt hat. Im Gegenzug dafür erhält dieser meist ein kostenloses Produkt, einen Rabatt oder eine Leistung, wie einen kostenlosen Versicherungsvergleich. Im Anschluss daran, obliegt es der Fähigkeit des Partnerunternehmens, aus diesem Interessenten einen zahlenden Kunden zu machen. Der Affiliate selbst wird bereits für die Vermittlung dieser Person im Interessentenstadium bezahlt.

Lifetime-Provision

Vergütungsmodell im Affiliate Marketing, bei dem der Affiliate nicht nur einmalig, sondern dauerhaft an den Umsätzen eines geworbenen Kunden beteiligt wird. Lifetime-Provisionen gibt es bei Abo-Produkten mit einer gewissen Laufzeit oder Mitgliedschaften, mit wiederkehrenden Umsätzen. Der Affiliate verdient also über die gesamte „Lebensdauer" eines vermittelten Kunden.

Plugin

Technische Erweiterung einer Softwarelösung, zB. eines Content Management Systems wie WordPress. Mit Hilfe von Plugins, lassen sich Webseiten um nahezu jede erdenkliche Funktion, die über das Standardrepertoire des CMS hinausgeht, erweitern.

Traffic

Besucherströme auf einer Website. Wird mit dem Begriff Traffic im technischen Sinne eigentlich der Datenverkehr im Internet beschrieben, so wird in 90% der Fälle dieses Wort aber als Synonym für das Besucheraufkommen (den Besucherverkehr) auf einer Website verwendet. Traffic ist die Grundlage dafür, im Internet auch nur irgendetwas verkaufen zu können. Kein Traffic gleich kein Umsatz.

Geschenk für Sie

Ich freue mich, dass Sie sich für dieses Buch entschieden und es bis hierhin geschafft haben. Dafür möchte ich mich bei Ihnen mit einem kleinen Geschenk bedanken.

Sie bekommen von mir das kostenlose Ebook „**Website Kompass** – 21 Must Haves für eine Website, mit der Sie der Konkurrenz davonrennen. Effektive Tipps zu Content und Conversion“ **UND** exklusiven Zugang zu Online-Marketing-Videos in meinem Bonusbereich!

Wenn Sie sich fragen, wo der Haken bei der ganzen Sache ist, kann ich Ihnen sagen: **„Es gibt keinen Haken!“** Ich schenke Ihnen diesen Bonus, um Sie als Leser zu gewinnen und Sie für Ihre bisherige Lesertreue zu belohnen. Alles rund ums Thema „Online Marketing“ und die damit verbundenen Möglichkeiten sich ein eigenes erfolgreiches Online Business aufzubauen, ist meine Leidenschaft. Darüber zu schreiben und Ihnen womöglich noch zu helfen, diese Chancen für sich zu nutzen, macht mir Spaß. Daher hoffe ich, den einen oder anderen treuen Leser und zukünftigen „Online-Marketing-Gefährten" zu erreichen und freue mich Sie im Bonusbereich wieder zu sehen!

Zusatz: Mit Ihrem Eintrag in meine Early-Bird-Liste, erhalten Sie, zusätzlich zu den genannten Boni, einen weiteren Bonus. Ich informiere Sie mit einer E-Mail, sobald ein neues Buch von mir erscheint und Sie bekommen die Möglichkeit dieses für nur 0,99€ zu erwerben, wenn es Ihnen gefällt.

Rufen Sie folgende URL auf, um sich Ihren Bonus abzuholen: www.yannicktwickler.de/bonus-abholen

Falls Sie Sorge haben, gerne noch einmal: **Dies ist ein Geschenk** und Geschenke kosten nichts. Ihren Bonus erhalten Sie also **völlig kostenfrei,** ohne irgendeine Verpflichtung. Alles was nötig ist, um Zugang zu erhalten, ist eine **Eintragung in meine Early-Bird-Liste unter** www.yannicktwickler.de/bonus-abholen .

Ich freue mich. Bis gleich!

Yannick Twickler

Weitere Bücher

Geld verdienen im Internet – 45 Wege, wie Sie sehr schnell, mit oder ohne eigene Website, Geld im Internet verdienen.

https://www.amazon.de/Geld-verdienen-Internet-schnell-verdienen/dp/1519253095

Webdesign zum Selbermachen – Wie Sie ohne Vorkenntnisse, im Handumdrehen, eine moderne und professionelle Website erstellen.

https://www.amazon.de/Webdesign-zum-Selbermachen-Vorkenntnisse-professionelle/dp/1517544297

33 bärenstarke Tools – Outsourcen, Automatisieren und Optimieren. Diese Tools machen Ihr Business professionelle und effizient.

https://www.amazon.de/bärenstarke-Tools-automatisieren-optimieren-professionell/dp/152278070X

Die perfekte Website – Der optimale Internetauftritt für Ihr Geschäft und 12 Wege zu mehr Umsatz auf Ihrer Website.

https://www.amazon.de/Die-perfekte-Website-optimale-Internetauftritt/dp/1535457996

Online Geld verdienen als Affiliate

-

Wie Sie mit den Produkten anderer seriös Geld im Internet verdienen. Das Handbuch für Affiliate-Einsteiger.

Von Yannick Twickler

1. Auflage 2016

Herausgegeben von:

Yannick Twickler

Im Gillesbachtal 20

52066 Aachen

E-Mail: kontakt@yannicktwickler.de

21976079R00083

Printed in Poland
by Amazon Fulfillment
Poland Sp. z o.o., Wrocław